ANRUF FÜR EINEN TOTEN

Kriminalgeschichten

bearbeitet
von Edith Schmitz

Hueber Verlag

5. 4. 3. | Die letzten Ziffern
2011 10 09 08 07 | bezeichnen Zahl und Jahr des Druckes.
Alle Drucke dieser Auflage können, da unverändert,
nebeneinander benutzt werden.3
3. Auflage 2002

Umschlaggestaltung: Rotraut Susanne Berner, Weyarn
Satz: Langbein Wullenkord, München
Druck und Bindung: Peter Heinzelmann Offsetdruck GmbH, München
Printed in Germany
ISBN 978-3-19-001343-2

Inhalt

Vorwort

Wer eine Fremdsprache lernt, möchte seine neuen Kenntnisse in der fremden Sprache anwenden und natürlich auch noch Neues dazulernen. Dabei kann Ihnen dieses Leseheft mit spannenden Kriminalgeschichten helfen.

Um das Heft mit Erfolg lesen und durcharbeiten zu können, sollten Sie Grundkenntnisse der deutschen Sprache haben. Die Texte sind auf der Grundlage des „Grundbausteins Deutsch als Fremdsprache" aufgebaut. Das bedeutet, dass die 1400 Wörter aus der Wortschatzliste für den Grundbaustein Deutsch als bekannt vorausgesetzt werden. Wörter und Wendungen, die darüber hinausgehen, sind entweder durch eine einfache Zeichnung neben dem Text oder im alphabetischen Wörterverzeichnis erklärt. Sie sind im Text durch eine schräge Schrift gekennzeichnet. Internationalismen sind nicht erklärt. Immer sollten Sie allerdings zuerst versuchen, die Ihnen unbekannten Ausdrücke aus dem Zusammenhang des Textes zu erklären.

Nach jeder Geschichte finden Sie Fragen zum Inhalt der Geschichten und Übungen zum Verständnis einzelner Wörter und Wendungen. Der Schlüssel im Anhang des Heftes hilft Ihnen, Ihre Kenntnisse zu überprüfen und Fehler zu korrigieren.

Viel Spaß beim Lesen und Lösen der Aufgaben!

Herausgeberin und Verlag

Anruf für einen Toten

Zwei Dinge brauchte Herbert Ingram für den *perfekten* Mord: eine *Pistole* und einige Gramm Heroin. Er hatte keine andere Wahl. Schließlich ging es um Henriette Köster – und um eine Million Euro, die sie vor einigen Jahren nach dem Tod ihres Vaters *geerbt* hatte.

Henriette war jung, hübsch und sehr selbstständig. Es schien keinen Eindruck auf sie zu machen, dass alle ledigen Männer des *Tennis*clubs, in dem auch Herbert Ingram Mitglied war, sie immer aufmerksam beobachteten, wenn sie Tennis spielte.

Herbert Ingram kannte sich mit Frauen aus. Er merkte daher bald, dass sie im Grunde wahrscheinlich ganz anders war – man musste sie nur mal näher kennen lernen. So dachte er sich einen Plan aus, der einfach Erfolg haben musste.

Er hatte das Spiel schon halb gewonnen, als Henriette seine Einladung zu einer Abendfahrt mit dem *Motorboot* auf dem *Baldeneysee* in *Essen* annahm. Er hatte es nur für diesen Abend gemietet.

Und das bedeutete für ihn eine Menge Geld. Das Motorboot war nicht gerade billig. Aber das war ihm jetzt ohnehin ganz egal, denn seine *Schulden* waren ihm längst über den *Kopf* gewachsen. Wenn er aber bald Henriette Köster heiratete, würde das für ihn bedeuten, dass es ihm in geldlichen Dingen schnell wieder besser ginge.

Und er hatte an alles gedacht, sogar an Wein und Blumen. Er hatte sich das Ganze wirklich etwas kosten lassen.

Der Abend wurde ein voller Erfolg für Herbert Ingram. Sie verstanden sich ausgezeichnet und fingen schon an, von einer gemeinsamen Zukunft zu sprechen.

Auch in den folgenden Wochen waren sie glücklich, bis zu dem Tag, als Wolfgang Henkel Mitglied im Tennisclub wurde. Er war ein sportlicher Mann und ein sehr guter Tennisspieler – ein viel besserer Tennisspieler, als es Herbert Ingram war.

Doch er wäre nie auf den Gedanken gekommen, in Wolfgang Henkel eine *„Konkurrenz"* zu sehen. Er wurde erst darauf aufmerksam, als er bemerkte, dass sich Henriette immer mehr für Tennis interessierte. Sie konnte stundenlang mit Henkel über Tennis diskutieren und las jetzt sogar regelmäßig die Tenniszeitung.

Es war an einem Vormittag, als Herbert Ingram zum Tennisplatz fuhr, um dort ein Glas Bier zu trinken. Auf dem Parkplatz sah er auf einmal Henriettes weißen *Sportwagen* neben Wolfgang Henkels *BMW*. Vergeblich sah er sich draußen nach Henriette um. Dann, als er später bei seinem Glas Bier zufällig aus dem Fenster sah, bemerkte er sie sofort. Ganz hinten, auf dem letzten Platz, spielte sie – und wieder mit diesem Wolfgang Henkel. Es schien ihr großen Spaß zu machen. Er beobachtete die beiden ganz genau.

Wolfgang Henkel trat jetzt hinter Henriette und nahm ihre Hände, um ihr zu zeigen, wie man richtig Tennis spielt. Sie lächelte ihn an. Und jetzt gab er ihr sogar kurz einen Kuss.

Herbert Ingram überlegte. Was sollte er jetzt machen? Er war in Sorge, denn nicht zuletzt sah er seine sichere Zukunft in Gefahr. Denn diese sollte frei von Geldsorgen sein.

Wolfgang Henkel war für ihn gefährlich. Es wurde

Ingram plötzlich klar, dass er schnell handeln musste. Henkel musste weg, und zwar möglichst schnell.

Zunächst gab er einer privaten Firma den Auftrag, sich mit Wolfgang Henkels bisherigem Leben zu beschäftigen. Sie sollten etwas über seine Vergangenheit herausbekommen. Nach einiger Zeit teilte ihm die Firma mit, dass Wolfgang Henkel vor etwa einem Jahr ganz plötzlich aus München fortgegangen war, nachdem er wegen einer *Rauschgift*sache Schwierigkeiten mit der Polizei bekommen hatte. Vor Gericht hatte man ihm nichts nachweisen können. Man hatte keinerlei Beweise gegen ihn gehabt. So war er dann nach Essen gekommen, wo er ganz ruhig als Geschäftsmann lebte.

Ingram überlegte. Die Sache brachte ihn auf einen Gedanken. Der Mordplan, den er nun entwickelte, war *perfekt*. Er musste nur so lange warten, bis das internationale *Tennisturnier* wieder stattfand. Henkel war ja ein ausgezeichneter Tennisspieler. Bei diesem Tennisturnier, das jedes Jahr hier in dieser Stadt stattfand, war er bis jetzt immer unter den fünf besten Tennisspielern gewesen. Nach dem Turnier gab es immer ein großes Fest im Parkhotel. Ingram half dieses Jahr mit, dieses Fest vorzubereiten. Es sollte um halb neun Uhr abends beginnen.

Kurz vorher gelang es ihm, unbemerkt das Hotel zu verlassen. Um Viertel nach acht hielt er in der Nähe des Hauses, in dem Henkel wohnte. Er trug Handschuhe, als er an dessen Tür klingelte.

Gleich darauf öffnete Henkel. Er war schon zum Fest angezogen. Bevor er eine Frage stellen konnte, drückte Ingram ihn schon hart zurück, zog die *Pistole* und *schoss*.

Er lief an dem Toten vorbei zu Henkels Schreibtisch und legte die Papierbriefchen mit *Heroin* darauf.

Danach verließ er ganz ruhig die Wohnung und zog die Tür hinter sich zu. Ehe er sich wieder ans *Steuer* seines Wagens setzte, warf er die Pistole in den See. Dann fuhr er zur Tiefgarage des Parkhotels und kam wieder unbemerkt in den Festsaal. An der Bar begegnete er Henriette.

„Hallo, Herbert, ich habe dich überall gesucht", sagte sie. Doch ihr unruhig suchender Blick sagte ihm, dass sie nicht ihn, sondern Henkel suchte.

„Oh, ich hatte alle Hände voll zu tun", meinte Ingram. „Schließlich kümmere ich mich dieses Jahr mit um das Fest."

Müller, der weißhaarige *Vorsitzende* des Tennisclubs, kam auf ihn zu. „Wo steckt Wolfgang?", fragte er. „Ohne ihn können wir nicht anfangen, die Preise zu verteilen."

„Vielleicht hat er sich *verspätet*", antwortete Ingram. „Ich werde ihn zu Hause anrufen."

Müller ging mit ihm zur Telefonzelle am Eingang des Hotels. Ingram ging hinein und tat so, als ob er die Nummer Henkels wählte. Draußen konnte Müller ganz leise Ingrams Stimme hören.

Plötzlich drehte sich Ingram *erschreckt* um und rief laut Henkels Namen. Dann machte er schnell die Tür der Telefonzelle auf und lief hinaus.

„Da muss was passiert sein", erklärte er aufgeregt. „In Henkels Wohnung fiel ein *Schuss*. Er meldet sich nicht mehr. Wir müssen die Polizei holen."

Ungefähr eine knappe Stunde später erschien *Inspektor* Thelen im Parkhotel. Er sprach mit Ingram und Müller in einem Nebenraum des Festsaals.

„Sie sind Zeuge des Mordes am Telefon geworden", sagte er zu Herbert Ingram. „Was passierte, bevor Henkel starb?"

„Wir sprachen kurz miteinander", antwortete Ingram. „Dann klingelte es an der Tür. Henkel bat mich, einen Moment zu warten. ‚Bleiben Sie bitte am Apparat', hatte er noch schnell gesagt, ging zur Tür und öffnete. Gleich darauf fiel ein Schuss. Ich hörte noch, wie jemand eilig im Zimmer umherlief, und dann war die Telefonverbindung weg."

„Nannte Henkel den Besucher beim Namen?", wollte Thelen wissen. Ingram überlegte kurz. „Nein, ich habe nichts gehört."

„Aber warum wurde Henkel *erschossen*?", fragte Müller *erstaunt*. „Was könnte wohl der Grund gewesen sein? Hatte er vielleicht Feinde?"

„Henkel hatte vor etwa einem Jahr in München Schwierigkeiten. *Rauschgift* soll im Spiel gewesen sein. Aber man konnte ihm nichts beweisen. Auch vor Gericht nicht", erklärte Thelen. „Mit Hilfe eines guten Rechtsanwalts ... nun, Sie wissen schon, was ich meine. Und danach kam er nach Essen. Aber wir haben genug Gründe dafür, anzunehmen, dass er im *Heroin*geschäft war. Vermutlich meinten andere Leute wieder, die auch mit Rauschgift zu tun hatten, er hätte allmählich zu viel Einfluss und schickten ihm dann einen *Killer* ins Haus."

Als Ingram in den Festsaal zurückkehrte, war er davon überzeugt, dass er alles richtig gemacht hatte. Diesen *Mord* sollte man ihm mal beweisen! Er musste jetzt nur sehr vorsichtig sein. Keiner durfte etwas merken. Aber er fühlte sich ganz sicher. Er hatte Thelen davon überzeugen können, dass Henkel wahrscheinlich Schwierigkeiten gehabt hatte wegen seiner früheren Rauschgiftgeschäfte. Und Henriette würde ihn nun sehr schnell vergessen wollen, wenn sie von seinen Rauschgiftgeschäften erfuhr. Der Weg zu ihrem Geld war wieder frei für ihn.

„Hallo – Herr Ingram!“

Herbert drehte sich *erstaunt* um. Thelen kam auf ihn zu. „Entschuldigen Sie, wenn ich Ihnen doch noch ein paar Fragen stellen muss. Am besten fahren wir gleich in mein Büro.“

Ingram war sofort einverstanden. Als sie aus dem Hotel traten, sprangen zwei Polizisten auf ihn zu. „Sie sind verhaftet“, sagte Thelen kalt. „Sie haben Wolfgang Henkel *umgebracht*. Mit dem vorgespielten Telefongespräch wollten Sie nur ein *Alibi* haben. Aber Sie haben kein Glück gehabt. Ich versuchte vorhin, meine Kollegen von der Polizei in Henkels Wohnung zu erreichen. Aber es meldete sich der *Auftragsdienst*. Henkel hatte vor einer Woche den Auftrag gegeben, seine Gespräche anzunehmen, um nicht gestört zu werden. Er musste bei dem Turnier ja dauernd Tennis spielen. Hätten Sie Henkels Nummer tatsächlich gewählt, hätte sich ebenfalls der Auftragsdienst gemeldet und das Gespräch aufgeschrieben. Das war aber nicht der Fall!“

„Damit können Sie nichts beweisen“, sagte Ingram aufgeregt.

„Da irren Sie sich“, antwortete Thelen. „Nur der *Mörder* konnte wissen, was in der Wohnung geschah. Und das haben Sie mir ja in allen Einzelheiten erzählt.“

A Zum Verständnis des Textes

Kreuzen Sie die richtigen Antworten an.

1. Für den perfekten Mord brauchte Herbert Ingram
   a) eine Pistole.
   b) sehr viel Heroin und Henriette Köster.
   c) Henriette Köster und eine Pistole.
   d) etwas Heroin und eine Pistole.
2. Herbert Ingram hatte das Motorboot gemietet, um
   a) mit seinen Freunden vom Tennisclub auf dem Baldeneysee herumzufahren.
   b) an einem Abend mit Henriette auf dem Baldeneysee herumzufahren.
   c) seinen zahlreichen Freundinnen den Baldeneysee zu zeigen.
   d) abends auf dem Baldeneysee herumzufahren.
3. Herbert Ingram hatte
   a) sehr viel Geld und keine Schulden.
   b) keine großen Schulden.
   c) kaum Geld auf der Bank, aber auch keine Schulden.
   d) sehr große Schulden.
4. Henriette Köster
   a) hat es immer großen Spaß gemacht, Tennis zu spielen.
   b) hat nie gerne Tennis gespielt.
   c) spielte auf einmal sehr gerne Tennis, als Wolfgang Henkel Mitglied im Club wurde.
   d) hat Wolfgang Henkel erklärt, wie man richtig Tennis spielt.
5. Wolfgang Henkel
   a) lebt in München als Geschäftsmann.
   b) ist ein ruhiger Geschäftsmann.
   c) lebt in Essen als Geschäftsmann.

6. Wolfgang Henkel
   a) war immer der beste Tennisspieler in dem Turnier.
   b) war immer der fünftbeste Tennisspieler in dem Turnier.
   c) ist es nie gelungen, bei diesem Tennisturnier unter den fünf besten Spielern zu sein.
   d) gehörte immer zu den besten Spielern in dem Turnier.
7. Nach dem Mord
   a) fuhr Ingram sofort zum Parkhotel zurück.
   b) brachte Ingram sofort die Pistole in die Tiefgarage.
   c) warf er die Pistole sofort in den See.
   d) ging er sofort zu Henriette.
8. Ingram hatte Henkel erschossen, weil er
   a) im Heroingeschäft war.
   b) dringend Geld brauchte.
   c) Henriette liebte und für sich haben wollte.
   d) Schwierigkeiten mit der Polizei hatte.

B Setzen Sie bitte folgende Wörter ein: am, an, auf, für, um, unter

a) Das brachte ihn ... einen Gedanken. b) Hast du gehört? Es hat ... der Tür geklingelt. c) Hier geht es ... Mord. d) Er war immer ... den fünf besten Tennisspielern gewesen. e) Sie hatten wirklich ... alles gedacht. f) Bleiben Sie bitte ... Apparat! g) Das konnte sehr gefährlich ... ihn werden.

C Setzen Sie bitte immer eines der folgenden Wörter in der Imperfektform in die Lücken ein:
annehmen – anrufen – stattfinden – zusehen

a) Sie ... seine Einladung gerne ... b) Die Leute ... ihr immer gerne beim Tennisspielen ... c) Er ... sie jeden Abend zu Hause ... d) Das Tennisturnier ... in Düsseldorf ...

Auf den *Hund* gekommen

Frank Balve bezahlte gerade die Zigaretten, als eine hübsche, dunkelhaarige Frau in den Laden kam. Sie hatte einen Hund, einen schwarzen *Pudel*, bei sich und nahm sich eine Tageszeitung. Diese hielt sie dem Hund hin. „Hier, Whisky", sagte sie.

Whisky nahm die Zeitung, setzte sich und wartete, bis sie bezahlt hatte.

Balve hatte Hunde sehr gerne. Er steckte die Zigaretten ein und *beugte* sich zu dem Pudel hinunter. „Hallo, Whisky", sagte er freundlich zu ihm.

Dann fing er an, mit der Zeitung zu spielen. Ganz langsam, denn er wollte den Hund nicht nervös machen. Und Whisky spielte mit. Er hielt die Zeitung fest und drehte dabei den Kopf hin und her. Das Spiel schien ihm zu gefallen.

Nach ein paar Minuten stand Balve wieder auf und lachte die junge Dame an, die gerade eben noch etwas Geld von dem Verkäufer zurückbekam. „Ein wirklich lieber Hund, Ihr Pudel!“

Sie lachte und verließ den Laden. Ihr Hund lief neben ihr her und trug ihr die Zeitung.

Als Balve aus der Tür trat, sah er sofort die beiden Männer, die von der anderen Straßenseite herüberkamen und ihm folgten. Ohne den Kopf zu drehen, erkannte er sie sofort.

Er ging ruhig weiter, bis er sein Hotel erreichte. Als er in der Empfangshalle war, bemerkte er, dass ihm die beiden Männer gefolgt waren. Er wollte gerade auf sein Zimmer hinaufgehen, als ihn einer der Männer ansprach.

Frank Balve blieb stehen und drehte sich um. „Ja, Egon?“
„In diesem schrecklichen Hotel wohnst du jetzt?“, fragte Egon. „Du bist ja ganz schön auf den Hund gekommen.“

„Nur für kurze Zeit. Wie hast du mich denn hier gefunden?“

„Das tut nichts zur Sache“, sagte Egon. „Du hast letzte Woche die Adresse gewechselt, die du Jürgen gegeben hast. Wie kommt das?“

„Ich konnte mir die Wohnung nicht mehr leisten.“

„Ein Glück für dich, dass wir dich entdeckt haben, als du in den Zigarettenladen gegangen bist. Sonst wäre Jürgen vielleicht auf den Gedanken gekommen, du wolltest nichts mehr mit uns zu tun haben.“

„Das hätte ich mir auch nicht leisten können“, sagte Balve.

„Los, wir gehen hinauf in dein Zimmer“, entschied Egon.

Balve ging voraus. Als er oben angekommen war, öffnete er die erste Tür. Balve setzte sich.

„Jürgen meinte, du hättest dir in der Zwischenzeit das Geld irgendwie besorgt“, sagte Egon jetzt.

„Stimmt nicht. Du irrst dich“, antwortete Balve. „Ich habe es letzte Woche nicht gehabt und habe es auch jetzt nicht. Jürgen hat mir einen Monat Zeit gegeben, um es zu besorgen.“

„Stimmt“, gab Egon zu. „Aber Jürgen meint, dass du ihm das Geld jetzt schon geben kannst.“

Balve sah ihn an. „Ihm das Geld jetzt schon geben? Wovon denn? Ich habe doch gar kein Geld!“

„Von dem Geld, blöder Hund!“, sagte Egon.

„Von welchem Geld?“

„Jürgen hat gehört, dass du gestern etwas bekommen hast.“

„Ich?“, fragte Balve ganz überrascht. „Was denn für Geld?“

„Von der Bank“, erklärte Egon kurz. „*Banküberfall!*“

„Wie kommt Jürgen auf die Idee, dass ich das war?“, fragte Balve.

„Er erfährt eben alles.“

„Na gut, aber diesmal hat er Unrecht. Sagt Jürgen, dass ich die ganze Zeit versucht habe, das Geld für ihn zu bekommen. Aber so schnell geht das nicht.“

„Du glaubst doch nicht, Jürgen gibt dir noch mehr Zeit, um das Geld zurückzuzahlen?“, sagte Egon ärgerlich. „Wo du schon viertausend Euro *Schulden* bei Jürgen hast! Du wirst auch keinen anderen mehr finden, der dir Geld gibt. So etwas spricht sich doch herum.“

„Und von wem soll ich es mir dann holen?“

„Nun“, lachte Egon, „von der Bank. Jürgen sagt, du hättest dir dort ein paar tausend Euro geholt.“

„Jürgen ist verrückt“, antwortete Balve aufgeregt.

Plötzlich holte der Mann neben Egon eine *Pistole* unter seiner Jacke hervor und hielt sie in Balves Richtung.

„Wozu soll denn das gut sein?“, fragte Balve.

„Jürgen hat gesagt, wir sollen uns dein Zimmer mal etwas genauer ansehen“, sagte jetzt der andere. Egon ging schnell auf Balve zu. „Umdrehen!“, sagte er kurz und sah nach, ob Balve eine Pistole bei sich trug. Er nahm die neue Packung Zigaretten aus seiner Tasche, Streichhölzer und Balves Brieftasche mit Führerschein und etwa 40 Euro.

„Wo ist das Geld?“, fragte Egon kühl und drehte Balve so herum, dass er ihm ins Gesicht sehen konnte.

„Alles Geld, das ich habe, liegt dort“, antwortete dieser und zeigte auf das Geld, das Egon auf den Boden geworfen hatte.

Egon begann nun, sich im Zimmer umzusehen.

„Lass mich doch mal fragen!“, sagte der andere Mann, der zusammen mit Egon gekommen war.

Egon lachte. „Gut. Fang an.“

Er nahm Balves linke Hand und legte sie flach auf den Tisch. Balve konnte nichts machen. Er konnte seine Hand nicht bewegen. Der Mann drückte sie nach oben flach auf die Tischplatte. Jetzt nahm Egon seine Pistole und schlug damit hart auf Balves kleinen Finger.

„So“, sagte er, jedes Mal, wenn du lügst, kommt ein anderer Finger dran. Vielleicht erzählst du uns jetzt mal, wo das Geld von der Bank ist?“

Balve war ganz blass geworden, doch seine Stimme blieb ruhig. „Ich sage es noch einmal, ich habe das *Ding* in der Bank nicht gedreht. Ich habe das Geld nicht. Ich habe wirklich nichts mit dem Banküberfall zu tun. Ihr könnt mir jeden Finger kaputtmachen, den ich habe, und doch nichts an dieser Tatsache ändern."

Egon hob wieder die Pistole.

„Warte", sagte der andere Mann zu ihm. „Das ist erst mal genug, Egon. Wir sollten die Sache erst mit Jürgen besprechen." Egon ließ Balves Hand los.

Balve sah auf seinen Finger.

Egon sagte: „Frank, ich warne dich, in deinem eigenen Interesse. Ich hoffe, du hast uns keine Lügen erzählt. Mit Jürgen kannst du das nicht machen. Der wird dir schon was erzählen! Darauf kannst du dich verlassen! Der lässt sich so was nicht gefallen!"

Die beiden Männer verließen das Zimmer.

Balve hielt seine Hand in kaltes Wasser. Das half etwas. Dann legte er sich aufs Bett.

Es war drei Uhr nachmittags, als er wieder aufstand.

Er ging die Treppe hinunter und verließ das Hotel durch die Hintertür.

Niemand folgte ihm. Er betrat die nächste Telefonzelle. Nachdem er das Geld eingeworfen hatte, wählte er.

Es meldete sich eine fröhliche Stimme: „Hallo?"

„Ist dort die Dame, die den schwarzen Pudel Whisky besitzt?"

„Ja, das bin ich – und wer ist dort?"

„Mein Name ist Balve. Ich bin der Mann, der in dem Zigarettenladen war, heute Mittag."

„Oh!", rief sie und lachte."Ich kann Ihnen nicht sagen, wie überrascht wir waren, als wir das Geld fanden. Aber ich dachte mir gleich, dass es Ihnen gehört."

„So ist es", gab Balve zu. „Darf ich vorbeikommen

und es abholen? Ich werde Ihnen dann alles genau erklären..."

„Ich wohne Hauptstraße 35, in *Mettmann*. Cora Schlumberger", sagte sie. „Wissen Sie überhaupt, wo das ist?"

„Ich werde ein Taxi nehmen. Bleiben Sie zu Hause?"

„Ich werde hier sein", antwortete sie.

Balve rief sofort die Taxizentrale an und bestellte einen Wagen zur Telefonzelle.

Cora Schlumberger öffnete ihm die Tür. Whisky war an ihrer Seite. „Kommen Sie doch herein, Herr Balve."

Sie führte ihn in das Wohnzimmer. „Wie wäre es mit einer Tasse Tee?"

„Eine Tasse Tee wäre großartig."

„Gut. Ich trinke auch etwas mit. Übrigens, wieso kennen Sie eigentlich meine Telefonnummer?", fragte sie neugierig, während sie ihm den Tee gab.

„Ihre Telefonnummer steht auf Whiskys *Halsband*. Das habe ich im Laden gesehen."

„Sie beobachten aber scharf! Andererseits muss jemand, der einen Hund einfach benutzt, um fünftausend Euro loszuwerden, ziemlich genau wissen, was er tut. Als ich den Umschlag mit dem vielen Geld in der Zeitung bemerkte ..."

„Das war das Einzige, was ich machen konnte, um das Geld sicher aus dem Laden zu bringen und es mir später dann wieder zu holen."

„Das ist ja eine spannende Geschichte. Warum mussten Sie denn das Geld gerade in dem Augenblick loswerden, als ich mit Whisky in dem Laden war?"

Balve trank langsam an seinem Tee und sah sehr traurig aus. „Ich werde Ihnen jetzt die ganze Wahrheit erzählen. Sehen Sie, ich habe viertausend Euro *Schulden* bei jemandem. Und letzte Woche habe ich diesem Menschen gesagt, dass ich ihm das Geld im Moment nicht zurückzahlen kann. Ich habe ihn dringend gebeten, noch ein paar Tage zu warten. Dann gewann ich glücklicherweise beim *Pokern* diese fünftausend Euro. Und dieses Geld gab ich heute Mittag nur ihrem Hund, weil ich kurz vorher zufällig aus dem Fenster des Ladens gesehen hatte. Da sah ich nämlich diese zwei Männer, die für diesen Menschen arbeiten. Sie müssen von meinem Glück beim Pokern gehört haben. Und jetzt wollten sie so schnell wie möglich das Geld holen, wenn nötig mit *Gewalt*. Wissen Sie, ich kenne diese Art Menschen genau. Die sind nicht fair. Bei denen hat man keine Chance."

„Aber wenn Sie doch genug Geld gewonnen haben, um Ihre Schulden zu bezahlen, warum haben Sie diesen Männern dann nicht die viertausend Euro gegeben?"

„Ich brauche das Geld."

„Wofür denn?"

„Nun, ich habe eine ältere Schwester in Hamburg." Balve sah jetzt ganz traurig vor sich hin. „Sie hat sich um mich gekümmert, nachdem unsere Eltern bei einem Autounfall *ums Leben gekommen* waren. Jetzt ist sie ganz arm, ist arbeitslos und lebt allein. Sie lag auch lange im Krankenhaus. Um ihr zu helfen, brauche ich dieses Geld. Diese fünftausend Euro sind für mich wie ein Geschenk des Himmels. Sie können sich ja vorstellen, wie viel es heute kostet, krank zu sein."

„Oh, ich verstehe. Aber haben Sie denn kein Einkommen aus Ihrer Arbeit?"

Balve sah sie mit traurigen Augen an. „Ich lebe – oder versuche es wenigstens – von Glücksspielen, wie zum Beispiel Pokern. Wenn ich gewinne, geht es mir gut. Sie kennen das ja. Und seit sechs Monaten hatte ich kein Glück mehr, bis jetzt dieser Pokergewinn kam."

Er trank seinen Tee aus. „Kann ich jetzt mein Geld haben? Ich möchte den Nachmittagszug nach Hamburg erreichen."

„Dann haben Sie ja noch viel Zeit. Sagen Sie, wozu braucht dieser Mann, der Ihnen das Geld gegeben hat, denn diese komischen Männer?"

Balve zog seine linke Hand aus der Tasche und zeigte ihr seinen kleinen Finger. Sie erschrak. Der Finger sah jetzt wirklich ganz böse aus. Er war blaurot geworden. Balve hatte schreckliche Schmerzen.

„Das ist ja furchtbar! Können Sie ihn noch bewegen, oder ist er völlig kaputt?", fragte sie.

„Ich bin mir nicht sicher."

„Damit sollten Sie aber sofort zu einem Arzt gehen!", rief sie.

„Ich werde sofort zu einem Arzt gehen, sobald Sie mir mein Geld gegeben haben."

Sie gab ihm noch einmal Tee. „Wissen Sie, ich war gleich entschlossen, Ihnen Ihr Geld zurückzugeben. Aber wie sollte ich sie finden? Ich rief also meinen Bruder in seinem Büro an und erzählte ihm die ganze Sache. Er war sicher, dass Sie sich melden würden."

Balve wurde immer ungeduldiger. „Also Fräulein Schlumberger, wo ist das Geld?"

Sie zeigte auf den Schreibtisch am Fenster. „Da drüben in dem Schreibtisch. Ich möchte nur, dass Sie warten, bis mein Bruder kommt, Herr Balve. Er wird gleich hier sein. Er ist schon auf dem Weg. Es wird bestimmt nicht mehr lange dauern. Vielleicht ein paar Minuten noch."

„Wieso?" Balve wurde immer nervöser.

„Oh, er möchte feststellen, wer Sie sind. Ihren Pass oder *Personalausweis* sehen, und so. Mein Bruder sagt, dass das bei einer so hohen Geldsumme nötig sei ..."

Balve wollte jetzt nur das Geld haben und so schnell wie möglich gehen. „Ihr Bruder scheint sehr vorsichtig zu sein. Ist er Rechtsanwalt?"

„Nein", antwortete Cora Schlumberger. „Er ist bei der Polizei. Abteilung Banküberfälle!"

Balve sah sie *erschreckt* an. Jetzt fühlte er sich so, als hätte ihm noch einmal jemand seinen Finger verletzt.

„Als ich ihm die Nummern der *Scheine* nannte, sagte er mir, dass dieses Geld aus der Bank gestohlen worden sei", sagte Cora Schlumberger.

Balve sprang auf. In diesem Augenblick hörte man deutlich, wie draußen jemand eilig herangelaufen kam. Balve wusste, dass er verloren hatte. Er war ganz weiß im Gesicht geworden. Er sagte nichts mehr, auch nicht, als Polizist Schlumberger, der noch einen Kollegen mitgebracht hatte, ihn verhaftete.

A Zum Verständnis des Textes

Kreuzen Sie die richtigen Antworten an.

1. Frank Balve war in den Laden gegangen, um
   a) die Tageszeitung zu kaufen.
   b) Zigaretten zu kaufen.
   c) die Frau mit dem Pudel zu treffen.
   d) Whisky zu kaufen.

2. Frank Balve war umgezogen, weil
   a) die alte Wohnung zu teuer für ihn geworden war.
   b) er nichts mehr mit den anderen Männern zu tun haben wollte.

3. Die beiden Männer glaubten, dass Frank Balve
   a) Geld von einem anderen Mann bekommen hat.
   b) sich bei einem Freund Geld geliehen hat.
   c) viel Zeit und Geld hat.
   d) eine Bank überfallen hat.

4. Frank Balve beschäftigte sich in dem Laden mit dem Hund,
   a) weil er Tiere gern hatte.
   b) um den Pudel für seine Zwecke auszunutzen.
   c) um Cora Schlumberger kennen zu lernen.
   d) um auf ihn aufzupassen, während Cora Schlumberger zahlte.

5. Cora Schlumberger will Frank Balve das Geld nicht sofort geben, weil sie
   a) nicht genau weiß, ob es ihm gehört.
   b) es selbst behalten möchte.
   c) Frank Balve solange hinhalten möchte, bis ihr Bruder kommt.

B Finden Sie heraus, welches Wort unter A sinngemäß am besten zu welchem Wort unter B passt.

A	**B**
Getränk	Geld
Hotel	Pudel
Hund	Waffe
Pistole	Ware
Raucher	Whisky
Schulden	Zigaretten
Verkäufer	Zimmer

Ein Zeuge

Uwe schloss lautlos die Tür des *Juwelier*geschäftes hinter sich. Nachdem er den Strom für das Erdgeschoss und auch die *Alarmanlage* ausgeschaltet hatte, konnte er mit dem „Einkaufen“ beginnen. Bis ins Letzte war dies alles von ihm geplant und vorbereitet und abgesichert worden. Nichts und niemand hätte ihn jetzt noch stören können. Er hatte schon lange vorher begonnen, alles genau zu planen. In den oberen Stockwerken des Gebäudes lagen Büros, im ersten Stock direkt über dem Geschäft die Räume einer *Damen-* und *Herrenschneiderin*. Das Haus war menschenleer zu dieser Stunde.

Uwe arbeitete diesmal allein. Die Erfahrung, dass andere Helfer Zeugen gegen ihn werden können, hatte ihn nach dem letzten *Einbruch* zehn Jahre *Gefängnis* gekostet. Am Sonntag, als er das Gefängnis wieder verlassen durfte, hatte er noch Folgendes gelesen: „Wenn du *Unrecht* tust, sieht es immer jemand.“ Diesen Satz konnte er einfach nicht vergessen.

Der alte *Safe* im Hinterzimmer des Juweliergeschäftes ließ sich so leicht öffnen, dass sich Uwe sogar ärgerte. Seine guten Kenntnisse waren gar nicht nötig für diese Arbeit. Er nahm nur die *Rubine* und die anderen wertvollen Steine aus dem Safe. Die *Armbänder*, Ringe und dergleichen ließ er liegen. Er wollte diesmal wirklich sichergehen.

Von einer nahen *Kirche* hörte er es jetzt dreimal schlagen. Es war also drei Uhr morgens. In einer Stunde kam hier die nächste Kontrolle vorbei. Uwe würde bis dahin längst weg sein – wenn der Mann Glück hatte. Für sich selbst sah er keine Gefahr, nur für den anderen. Denn er war fest entschlossen, dieses Geschäft zu Ende zu bringen. „Wechseln Sie den Beruf", hatte der Arzt im Gefängnis bei der Untersuchung gesagt. „Suchen Sie sich besser eine ruhigere Arbeit – arbeiten Sie doch als Elektromeister", hatte er ihm noch geraten. Er hatte ihm sogar eine Werkstatt genannt, die Leute wie ihn einstellten.

Ein Mann war jetzt vor dem Juweliergeschäft stehen geblieben. Der wollte sich aber offensichtlich nur seine Zigarette gegen den Wind geschützt anzünden. Uwe holte die *Pistole* aus seiner Tasche und beobachtete den Mann draußen. Erst als dieser weiterging, konnte er wieder ruhig arbeiten.

Er arbeitete gut und schnell und war daher auch sehr früh fertig – lange vor dem Zeitpunkt, den er eingeplant hatte. Er wollte ja diesmal ganz sichergehen. Die Stadt war zu dieser Stunde wie tot. Kein Mensch war zu sehen. Er atmete die kühle Nachtluft ein. In diesem Augenblick fühlte er sich so wohl und sicher, dass er nicht gleich abfuhr, als er wieder in seinem Wagen saß. Er zog erst noch die Strümpfe aus, die er – um leiser gehen zu können – über den Schuhen trug. Und er zog auch noch ganz ruhig die Handschuhe aus, ehe er den Motor startete.

Er sah noch einmal kurz auf die Fenster des Hauses – und bemerkte hinter einem Fenster des ersten Stocks das Gesicht eines Mannes. Deutlich erkannte er, dass der Mann zu ihm hinuntersah. Uwe wusste zwar genau, dass dies eigentlich unmöglich war. Dieser Mann konnte ihn von da oben gar nicht sehen. Und doch glaubte er sich von dem Blick erkannt. „Einer sieht es!", erinnerte er sich plötzlich. Und während er mit der linken Hand schnell das kleine Fenster des Autos herunterdrehte, *schoss* er mit seiner rech-

ten Hand schon. Er hörte, wie das Fenster im ersten Stock kaputtging.

Jetzt hätte Uwe schnell wegfahren müssen. Aber genau das tat er nicht. Er sah *erschreckt* zu dem Fenster hin, das jetzt kaputt war. DerMann dahinter sah genau wie zuvor zu Uwe hinab. Nichts hatte sich geändert.

Als die Polizei kam, lief der Motor von Uwes Wagen noch immer. Er selbst lag über dem Steuer. *„Herzinfarkt"*, sagte der Arzt, den man gerufen hatte.

„Aber es ist doch *geschossen* worden. Das habe ich doch gehört", meinte der Mann, der die Polizei gerufen hatte. Und dann rief er aufgeregt: „Hier liegen doch *Glasscherben* – sehen Sie doch selbst!"

Jetzt bemerkten sie auch das kaputte Fenster im ersten Stock. Als die Polizisten in das Haus gingen, kamen sie auch in die Räume der *Schneiderin* über dem Juweliergeschäft.

Und dort am Fenster sah die *Schaufensterpuppe* auch weiter auf die Straße hinab. Nur im Kopf – da war ein Loch, das nicht dahin gehörte.

A Zum Verständnis des Textes

Kreuzen Sie die richtigen Antworten an.

1. Uwe
   a) wollte in dem Geschäft einkaufen.
   b) war der Juwelier, der nur nachsehen wollte, ob auch alles ausgeschaltet war.
   c) wollte nur die Alarmanlage abstellen.
   d) wollte einbrechen und stehlen.

2. Uwe arbeitete allein, weil
   a) er keine Helfer brauchte.
   b) er Angst hatte, dass Leute vor Gericht gegen ihn aussagen könnten.
   c) er gerade aus dem Gefängnis gekommen war.
   d) Sonntag war.

3. Uwe ärgerte sich, weil
   a) der Safe im Hinterzimmer des Juweliergeschäftes war.
   b) der Safe alt war.
   c) er den Safe so schnell öffnen konnte.
   d) er nicht genügend Kenntnisse hatte, den Safe zu öffnen.

4. Uwe
   a) hatte seine Arbeit sehr schnell beendet.
   b) wurde genau zu dem Zeitpunkt fertig, den er eingeplant hatte.
   c) brauchte lange, um fertig zu werden.
   d) gelang es nicht, innerhalb der eingeplanten Zeit fertig zu werden.

5. Uwe schoss sofort, weil
   a) plötzlich ein Fenster im ersten Stock kaputt ging.

b) er glaubte, dass ihn ein Mann aus dem Fenster des ersten Stocks beobachtete.
c) er sich an den Satz „Einer sieht es“ erinnerte und sichergehen wollte.
d) weil der Mann ihn erkannt hatte.

B Wählen Sie die richtige Form für die eingeklammerten Wörter.

a) Er war schon lange vor dem Zeitpunkt fertig, den er (einplanen) hatte. b) Er glaubte sich von dem Blick (erkennen). c) Nichts hatte sich (ändern). d) Er wollte nichts (riskieren). e) Hier in der Nähe ist (schießen) worden, das habe ich ganz deutlich (hören)! f) Er ist ganz schnell (wegfahren). g) Kein Mensch war zu (sehen).

Hanno lässt sich nichts gefallen

Noch bevor die Theatervorstellung zu Ende war, ging der berühmte Journalist und Theaterkritiker an den Leuten vorbei und lief schnell dem Ausgang zu. Dem Publikum drinnen hatte die Vorstellung ganz ausgezeichnet gefallen. Das konnte Artur Rosenberger auch noch hören, als er sich draußen in ein Taxi setzte und sich in die *Redaktion* seiner Zeitung fahren ließ.

Das Publikum – Artur Rosenberger dachte etwas ärgerlich darüber nach –, nun ja, es fand die Vorstellung eben ausgezeichnet. Das Stück selber war vielleicht gar nicht so schlecht, nein, aber dieser Jens Hanno, der die Hauptrolle spielte, war einfach furchtbar. Der konnte gar nicht spielen.

Rosenberger verlangte Qualität – dafür war er bekannt. Seine Kritiken waren immer sehr scharf, und es machte ihm großen Spaß, meist anderer Meinung zu sein als das Publikum. Und dieser Hanno hier ... Seine Kritik wurde diesmal nicht nur scharf, sondern recht böse. Er schlug diesem Hanno sogar vor, seine Schauspielerei aufzugeben und einen anderen Beruf anzufangen. Denn der hatte diesmal wirklich furchtbar schlecht gespielt.

Am nächsten Morgen rief ihn Bernd Droste, Hannos *Manager*, an. „Jens hat Ihre scharfe Kritik in der Zeitung gelesen und war völlig fertig. So aufgeregt habe ich ihn noch nie gesehen. Und ich kenne ihn schon sehr lange. Wie konnten Sie nur so etwas über ihn schreiben! Hoffentlich passiert jetzt nichts. So schlecht war er doch nun wirklich nicht. Ich weiß nicht, was er jetzt tut. Wie konnten Sie nur so eine furchtbare Kritik über ihn schreiben. Hanno war tief enttäuscht. Er redet im Moment mit niemandem mehr."

Obwohl Rosenberger Bernd Droste seit langem kannte, lehnte er es ab, mit ihm über seine Kritik zu diskutieren. Das war ja schließlich seine Sache. „Das ist zwar keine sehr schöne Sache", sagte er, „aber wenn er keine Kritiken mag, sollte er sich wirklich schnell einen anderen Beruf suchen", meinte er nur kühl. Dann verabschiedete er sich.

Am Abend gab Rosenberger in seiner Wohnung eine kleine Party. Um elf Uhr etwa gingen die Gäste nach Hause. Rosenberger ging mit ihnen nach unten bis zur Haustür. Als er wieder zur Wohnung zurückging, bemerkte er, dass seine Wohnungstür weit offen stand. Er dachte aber nicht weiter darüber nach, bis er plötzlich sah, dass er nicht alleine war. Auf seiner braunen Couch saß Hanno.

Er lächelte ihn böse an. Rosenberger gefiel dieser Blick gar nicht. Er machte sich plötzlich große Sorgen.

„Kümmern Sie sich immer so schlecht um Ihre Gäste, Herr Rosenberger?", fragte ihn Hanno lachend. „Wollen Sie mir denn nichts zu trinken anbieten? Ich bin den weiten Weg hierher zu Ihnen gelaufen. Ich bin müde und friere fürchterlich."

Aufgeregt sprang Rosenberger zur Wohnungstür und machte sie auf. „Ich möchte, dass Sie gehen!"

Ganz langsam stand Hanno nun auf und ging zu dem großen Tisch herüber, auf dem noch all die schönen Essenssachen standen, die die Gäste nicht gegessen hatten. Salate, Schweinefleisch, Brot, Brötchen, Käse und auch Kalbsbraten standen dort. Hanno nahm sich den *Brandy*.

„Nun, was zu essen wäre auch nicht schlecht", sagte er leise. „Das Abendessen sieht ja gar nicht so schlecht aus." Er ging langsam um den Tisch herum und sah sich ganz ruhig die schönen Sachen an. „Hm, Kalbsbraten“, sagte er. „Und Brötchen dazu. Wirklich nicht schlecht.“

„Das geht zu weit!“, rief Artur Rosenberger und lief zum Telefon. Aber Hanno stellte sich ihm in den Weg.

„Aber nicht doch! Wir werden uns jetzt ein bisschen unterhalten.“

Rosenberger nahm sich jetzt auch ein Glas Brandy. Er war so aufgeregt, dass er das Glas kaum ruhig in seinen Händen halten konnte.

„Was ist los?“, lachte Hanno böse. „Hat der Theaterkritiker plötzlich Angst bekommen?“

Rosenberger trank schnell sein Glas Brandy leer. „Los, reden Sie!“, sagte er und plötzlich war Hass in seiner Stimme. „Erzählen Sie mir Ihre Geschichte, und dann *raus* mit Ihnen!“

Der *Schauspieler* sprach ganz langsam und deutlich. „Ich spiele schon seit meinem zwölften Lebensjahr. Ich bin im ganzen Land herumgekommen. Von Theater zu Theater und so, verstehen Sie. Das Theater ist meine Heimat geworden. Können Sie das verstehen?“

„Ja“, sagte Rosenberger unfreundlich.

„Gut. Jetzt wissen Sie also, dass ich nicht plötzlich über Nacht auf die Idee gekommen bin, Schauspieler zu werden. Es war nicht immer leicht. Ich hatte auch sehr schwere Zeiten, aber etwas habe ich dabei gelernt, was ich nie vergessen werde: mir nichts gefallen zu lassen!“

Hanno ging plötzlich schnell mit seiner Hand in die Tasche und holte eine *Pistole* heraus. „Sehen Sie das hier?“

Artur Rosenberger sah ihn *erschreckt* an.

„Ich habe die Pistole extra für einen von euch Kritikern geholt.“ Die Pistole zeigte direkt auf Rosenberger. Hannos

Augen waren jetzt ganz kühl. „Wissen Sie, wo ich sie herhabe?"

„Nein."

„Mein bester Freund hat sich damit *erschossen*, mit dieser *Waffe* hier. Er war Schauspieler wie ich. Die Kritiker haben ihn fertig gemacht. Er würde sich freuen, wenn er sähe, was ich jetzt mit seiner Pistole mache!"

„Sie – das meinen Sie doch wohl nicht ernst. Das sagen Sie doch jetzt nur so, um mir Angst zu machen, nicht wahr?", fragte Rosenberger erregt.

„Das könnte Ihnen so passen. Das ist selbstverständlich kein Spaß", lachte er böse. „Sie sind dran, Rosenberger!"

„Nein, das können Sie doch nicht ernst meinen", sagte Rosenberger langsam und vorsichtig. Er wollte ihn ein wenig beruhigen.

„Tut mir leid. Ich habe keine andere Wahl", sagte Hanno jetzt. „Sie *hassen* mich. Vermutlich wollten Sie mal selber Schauspieler werden, aber Sie waren nicht gut genug. Darum sind Sie auch so kritisch und wollen junge Schauspieler wie mich kaputt machen. Wenn Sie es schon nicht geschafft haben, dann soll es auch kein anderer Mensch schaffen!"

Rosenberger sah auf die Pistole. Er versuchte, seine Angst nicht zu zeigen, doch er merkte, dass ihm das nicht recht gelingen wollte.

Hanno redete immer weiter. Er kümmerte sich nicht um Rosenbergers Angstgefühle. „Es wird also jetzt einen kleinen Unfall geben. Die Polizei wird morgen eine ganz einfache Erklärung dafür haben, wenn sie Sie erschossen hier findet: Sie haben eine kleine Party gefeiert, ein bisschen viel getrunken und dann mit einer Pistole herumgespielt."

Rosenberger sah den Mann vor sich erschreckt an.

Die Augen des Schauspielers zeigten ihm, wie sehr er ihn hassen musste.

„Was ist los?", lachte Hanno. „Geht es Ihnen nicht gut?" Er kam näher und näher, immer näher mit der Pistole an Rosenberger heran. Der ging zurück, ganz langsam, bis zum Tisch. Rosenberger ging langsam mit seiner Hand über den Tisch. Er suchte etwas ganz Bestimmtes.

„Haben Sie etwa Angst, Herr Rosenberger? Ich habe gedacht, Kritiker wie Sie sorgten immer nur dafür, dass andere Menschen Angst bekommen!"

Rosenbergers Finger kamen gerade an die Brandyflasche.

Böse sah Hanno ihn an. „Nun, vielleicht kann ich Ihnen helfen."

In dieser Sekunde hatte Rosenberger die Flasche genommen und warf damit nach Hanno. Er traf ihn genau zwischen die Augen. Erschreckt öffnete der Schauspieler ganz weit seinen Mund. Dann fiel er lautlos auf den Boden. Kein Zweifel: Hanno war tot.

Rosenberger hob Hannos kleine Pistole auf. Erschreckt hielt er sie in der Hand. Was sollte er jetzt tun? Er musste die Polizei anrufen!

Rosenberger wollte gerade zum Telefon gehen, als es an der Tür klingelte. Draußen stand Bernd Droste und lachte ihn freundlich an.

„Na?", sagte er. „War er nicht großartig? Hat er Ihnen nicht herrlich seine Rolle vorgespielt? Und Sie haben behauptet, Jens Hanno sei ein schlechter Schauspieler."

Rosenberger sah den Manager sprachlos an. Dann, ohne es zu wollen, spielte er mit dem Finger an der Pistole herum. Und plötzlich merkte er: die Pistole war nicht geladen.

Immer noch lachend ging Droste an Rosenberger vorbei in die Wohnung hinein. „Jens, wo steckst du denn? Antworte doch!“

A Zum Verständnis des Textes

Kreuzen Sie die richtigen Antworten an.

1. Das Publikum
   a) fand die Theatervorstellung ausgezeichnet.
   b) lief nach der Vorstellung schnell dem Ausgang zu.

2. a) Jens Hanno rief Rosenberger an, um sich bei ihm über die schlechte Kritik zu beschweren.
   b) Jens Hanno war Rosenbergers Kritik egal.
   c) Bernd Droste rief Rosenberger an, weil die Kritik so scharf war.
   d) Bernd Droste rief Rosenberger an, weil wegen der scharfen Kritik etwas mit Hanno passiert war.

3. Hanno
   a) war auch zu der Party eingeladen worden.
   b) kam einfach zu der Party und unterhielt sich mit den Gästen.
   c) kam nach der Party vorbei, weil er Rosenberger sehr gerne hatte und ihn sehen wollte.
   d) kam, als alle Gäste weg waren, um Rosenberger zu erschrecken.

4. Als Rosenberger telefonieren wollte,
   a) lief Hanno hinter ihm her.
   b) ließ Hanno ihn nicht ans Telefon.
   c) bat Hanno ihn, noch etwas mit dem Telefonieren zu warten, bis er sich mit ihm unterhalten hatte.

5. Hanno hatte die Pistole
   a) extra für den Kritiker Artur Rosenberger gekauft.
   b) von einem Schauspieler gekauft.
   c) von einem toten Freund.

d) von einem Kritiker, der ihn mit seiner Kritik fertig gemacht hatte.

6. Rosenberger
   a) sah man nicht an, dass er Angst hatte.
   b) hatte keine Angst in dieser Situation.
   c) merkte, dass Hanno Angst hatte.
   d) konnte man es ansehen, dass er Angst hatte.

7. a) Rosenberger tötete Hanno mit einer Brandyflasche.
   b) Hanno tötete Rosenberger mit einer Brandyflasche.
   c) Rosenberger erschoss Hanno mit einer Pistole.
   d) Hanno erschoss Rosenberger mit einer Pistole.

8. Als Bernd Droste kam, wurde es Rosenberger klar, dass Hanno
   a) gekommen war, um ihn zu töten.
   b) die Situation nur gespielt hatte.
   c) und Droste ihn beide umbringen wollten.
   d) gerne mit Pistolen herumspielte.

B Finden Sie heraus, welches Wort unter A sinngemäß am besten zu welchem Wort unter B passt.

A	**B**
Finger	Angst
Kalbsbraten	Essen
Party	Gäste
Pistole	Hand
Publikum	Haustür
Sorgen	Polizei
Spaß	Redaktion
Unfall	Schauspieler
Wohnung	Waffe
Zeitung	Witz

5000 Euro sind nicht viel

„Der Nächste bitte!“, Doktor Brendel öffnete die Tür zum *Wartezimmer*.

Der letzte Patient kam auf ihn zu; es war ein sehr großer Mann und sah sehr unfreundlich, ja sogar böse aus. Mitte vierzig war er vielleicht, mit einem harten Gesicht und einem Anzug, der ihm mindestens eine Nummer zu klein war. Der Mann ging vor dem Arzt her. Er behielt den Hut auf und legte ihn auch im Sprechzimmer nicht ab.

„Ihre Mitarbeiterin ist wohl schon gegangen“, fragte er. Er stand mitten im Raum und beobachtete den Arzt, der sich jetzt hinter seinen Schreibtisch gesetzt hatte.

„Ja, sie hatte etwas Dringendes zu erledigen.“ Doktor Brendel war sehr müde. Er hatte heute viele Patienten gehabt und war mit seinen Gedanken schon auf dem Weg nach Hause. Daher bemerkte er wahrscheinlich auch gar nicht, dass die Frage seines Patienten etwas ungewöhnlich war.

Dieser aber hielt plötzlich einen kleinen *Hammer* in den Händen und schlug damit gegen das Fenster des Instrumentenschrankes. Das Glas ging sofort kaputt. Doktor Brendel fuhr *erschreckt* hoch. Er ging auf den Mann zu. „Sind Sie verrückt?“, rief er ärgerlich. „Was soll der Unsinn? Das geht wohl ein bisschen zu weit!“

Der Mann nahm ein Stückchen *Glasscherbe* zwischen seine Finger und zerdrückte es, als wäre es aus Papier.

„Ich heiße Max Gruhnert oder so ähnlich“, lachte er, „und hier drin ...“, er klopfte auf seine Jackentasche, „... hier drin steckt meine Pistole.“

„Was wollen Sie? Etwa schießen? Machen Sie keinen Unsinn, Mann, und machen Sie schnell, dass Sie fortkommen!“ Doktor Brendel wurde ganz rot im Gesicht, so böse war er jetzt geworden. Er konnte sich die Situation nicht erklären. Was wollte der Mann bloß?

„Ganz, wie Sie befehlen. Ich bin gleich wieder weg“, meinte Max ruhig und warf Brendel so heftig zurück, dass der Arzt rückwärts in seinen Sessel zurückfiel. „Doch bevor ich Sie verlasse, muss ich noch etwas erledigen.“ Er sah aus dem Fenster, wo sich 25 Stockwerke tiefer der Autoverkehr durch die Straßen drückte.

„Ich habe kein Geld hier. Jedenfalls keine Summe, für die sich ein Verbrechen *lohnte*“, rief Brendel ärgerlich. Dann sah er in die Richtung, in der das Telefon stand, und wollte gerade telefonieren, als Max Gruhnert den Apparat mit einer ärgerlichen Bewegung vom Tisch warf.

„Warum machen Sie das, Brendel? Ich an Ihrer Stelle wäre vorsichtiger. Das ist viel zu gefährlich – in Ihrem eigenen Interesse.“ Jetzt holte Max Gruhnert blitzschnell seine Pistole aus der Tasche und hielt sie in Richtung Dr. Brendel.

Dann zeigte er in die Ecke, wo eine *Krankenbahre* am Boden stand. Er kam um den Schreibtisch herum und sah Brendel böse an. „Dorthin! Aber schnell!“

„Was soll ich machen?“

„Hinlegen!“ Max drückte ihn vor sich her. Brendel sah jetzt, dass er tun musste, was dieser Max von ihm verlangte. Die Situation war zu gefährlich. Er wusste, sein Leben war in Gefahr. Jetzt musste er sich alles gefallen lassen.

Es hatte keinen Zweck, irgendetwas dagegen zu tun.

Schnell *fesselte* Max ihn auf die Krankenbahre. Dann setzte er sich ruhig hinter Brendels Schreibtisch. „Wo ist das Geld?", fragte er freundlich.

„Links im Kasten."

Max holte ein paar *Scheine* aus der Kasse. Er zählte. „Fünfundvierzig Euro. Nicht viel", sagte er enttäuscht und stand auf. Er *schob* die Krankenbahre mit dem Arzt durch das Zimmer und zeigte auf das am Boden liegende Telefon.

„Sie haben Ihr Geld doch sicher auf einem Bankkonto der Deutschen Bank, oder?"

„Ja", antwortete Brendel schnell.

„Habe ich mir gedacht, wo die *Filiale* der Bank doch unten im Haus ist."

„Die Bank ist um diese Zeit bereits geschlossen."

Max sah auf die Uhr. „Leider. Seit zehn Minuten. Sie haben mich zu lange warten lassen. Deshalb werden Sie jetzt bei der Bank anrufen und sagen, dass Sie dringend fünftausend Euro von Ihrem Bankkonto haben möchten. Erfinden Sie irgendeinen guten Grund, so dass man Ihnen auch glaubt. Und sagen Sie, dass Sie einen Mann an den Hinterausgang schicken, der das ganze Geld in Empfang nimmt."

„Sie sind wohl verrückt! Das werde ich nie tun!", rief Brendel erregt. Doch Max hielt ihm das Telefon hin und drückte ihm mit der anderen Hand die Pistole in die Seite. – Brendel musste tun, was man von ihm verlangte.

„Fünftausend Euro sind doch nicht viel für Sie, oder?", meinte Max, nachdem Dr. Brendel mit der Bank gesprochen hatte. „Aber ich brauche nicht viel, wissen Sie. Das sollte genug für mich sein für die nächste Zeit. Ich werde nach Kanada reisen und einen ganzen Sommer nichts tun."

„Hoffentlich geht es Ihnen ganz schlecht dort", sagte Brendel ärgerlich.

Max sah nach, ob Brendel noch fest auf der Krankenbahre lag und sich nicht bewegen konnte. „Danke für die guten Wünsche."

Er legte die Pistole auf den Tisch. „Das hier war nur eine ganz einfache Spielzeugpistole. Schenken Sie das Ding Ihrem Jungen; damit Sie sich noch lange an Max Gruhnert erinnern." Dann machte Max das Licht aus und ging hinaus.

Jetzt war Doktor Brendel alleine. Er konnte sich kaum bewegen. Max Gruhnert hatte ihn zu stark gefesselt. Er konnte nichts machen. Es würde ihn auch keiner hören, wenn er laut um Hilfe rief. Alle anderen waren um diese Zeit schon nach Hause gegangen. Das Beste ist, die Zeit zu verschlafen, überlegte er und schloss die Augen. Er dachte an Kanada, an die herrliche Landschaft, die Seen, die Ruhe dort und daran, dass Max Gruhnert sich dort jetzt auf seine Kosten – mit seinem Geld – ein gutes Leben machen könnte. Dabei hätte er auch große Lust gehabt, dorthin zu fahren.

Brendel hätte nicht sagen können, wie lange er gelegen hatte, als er von draußen den Lärm von Männerstimmen hörte. Sie kamen immer näher. Die Türe wurde aufgemacht, das Licht angemacht und dann sah er, wie zwei Männer den laut protestierenden Max Gruhnert hereintrugen.

„Er ist beim Weggehen vor der Türe hingefallen", rief ein Angestellter der Bank. „Sie müssen ihm schnell helfen, Doktor. Er hat sich verletzt. Es war ein Unfall. Er blutet sogar. Er kann nicht mehr laufen. Hoffentlich muss er nicht ins Krankenhaus.

Und die beiden Männer legten Max Gruhnert – mit fünftausend Euro in der Tasche – Doktor Brendel genau vor die Füße.

A Zum Verständnis des Textes

Kreuzen Sie die richtigen Antworten an.

1. Der Patient
   a) machte gar keinen unfreundlichen Eindruck.
   b) machte einen sehr unfreundlichen Eindruck.
   c) war überaus freundlich.

2. Doktor Brendel
   a) kümmerte sich nicht um seinen letzten Patienten.
   b) dachte an die Patienten dieses Tages.
   c) fand die Frage seines Patienten etwas merkwürdig.
   d) fiel an seinem Patienten nichts Ungewöhnliches auf.

3. Nachdem Max Gruhnert den Instrumentenschrank kaputt gemacht hatte,
   a) wollte ihn der Arzt mit der Pistole erschießen.
   b) wollte der Arzt telefonieren.
   c) war der Arzt bereit, ihm das Geld zu geben.

4. Max Gruhnert
   a) war mit der Geldsumme zufrieden, die ihm Dr. Brendel geben konnte.
   b) verlangte mehr Geld von Dr. Brendel.
   c) wollte die Scheine aus der Kasse nicht haben.
   d) gab seinen Plan auf.

5. Die Tat passierte
   a) morgens früh.
   b) so etwa gegen Mittag.
   c) am frühen Nachmittag.
   d) am späten Nachmittag.

6. Dr. Brendel
   a) wollte die Bank nicht anrufen.

b) tat nur so, als ob er die Bank informierte.
c) rief die Bank an.
d) ärgerte sich zu sehr, um die Bank anzurufen.

7. Als Max Gruhnert gegangen war
a) konnte sich Dr. Brendel befreien.
b) rief Dr. Brendel laut um Hilfe.
c) konnte Dr. Brendel nichts tun, um sich zu befreien.
d) versuchte er, sich wach zu halten.

8. Max Gruhnert war es
a) gelungen, das Geld zu bekommen.
b) nicht gelungen, das Geld zu bekommen.

9. Die Tat war nicht gelungen, weil
a) Max Gruhnert von den Bankangestellten das Geld nicht bekam.
b) Dr. Brendel Hilfe holen konnte.
c) Max Gruhnert Dr. Brendel doch noch helfen wollte.
d) Max Gruhnert einen Unfall hatte.

B Setzen Sie folgende Wörter ein: als, auf, bevor, gegen, herein, hinter, vom, zu

a) ... Dr. Brendel die Tür zum Wartezimmer öffnete, kam der letzte Patient wütend ... b) Er schlug mit dem Hammer ... die Scheibe des Instrumentenschrankes. c) Er ging ... den Mann ... d) ... ich Sie verlasse, muss ich noch etwas erledigen. e) Max Gruhnert schob das Telefon ... Tisch. f) Er setzte sich ... seinen Schreibtisch. g) Die Geldscheine lagen .... dem Tisch.

Ein *einmaliges* Stück

„Dieser *Rubin* ist wunderbar. Er ist *einmalig.* Er ist mein wertvollstes Stück“, sagte der Juwelier Bender leise.

„Oh“, antwortete die junge Frau. Sie war sehr elegant angezogen.

„Gefällt dir der *Anhänger, Liebling*?“, fragte der Mann an ihrer Seite und sah sie an.

„Gefallen?“, fragte sie voll *Erstaunen.* „Gefallen? Dieser Rubin ist wirklich wunderbar. So etwas habe ich noch nie gesehen ...“

„Was kostet der Anhänger?“, fragte der Kunde.

Hermann Bender war ziemlich aufgeregt. Er war es nicht gewohnt, dass jemand so schnell zur Sache kam. Gewöhnlich kamen ein- bis zweimal im Jahr Kunden, die sich für diesen Stein interessierten. Und er führte jedes Mal lange Gespräche. Oft dauerten sie mehrere Tage und Wochen. Aber bisher war es ihm nicht gelungen, ihn zu verkaufen. Der Preis war einfach zu hoch.

„Das Stück ist natürlich nicht gerade billig“, sagte Hermann Bender jetzt vorsichtig.

„Das ist klar“, sagte der Mann kurz. „Wie viel?“

Juwelier Bender holte tief Luft. „50000“, sagte er dann kurz entschlossen.

Einen Augenblick lang sagte niemand im Raum etwas. Dann öffnete die junge Frau wie protestierend den Mund und sah den Mann *erschreckt* an. Aber der ließ sie erst gar nicht protestieren.

„Nehmen Sie einen *Scheck?*“, fragte er kurz.

Hermann Bender sagte einen Augenblick lang nichts. Er war völlig überrascht. Auch die beiden Verkäuferinnen, die hinten im Geschäft standen, konnten kaum glauben, was sie soeben gehört hatten.

„Nun?“, fragte der Kunde etwas ärgerlich, „Sie werden nicht erwarten, dass ich die 50000 in der Brieftasche habe.“

Der Juwelier sah ihn an. „Selbstverständlich nicht“, sagte er freundlich. „Aber Sie werden es sicher verstehen, dass wir uns absichern müssen. Wir erledigen alles so schnell wie möglich. Bitte, nehmen Sie doch so lange Platz.“

Juwelier Bender bat das Paar in einen Nebenraum. Der Käufer zog einen Scheck aus seiner Brieftasche, füllte ihn aus und gab ihn dem Juwelier.

Hermann Bender warf nur einen kurzen Blick auf den Scheck und gab ihn sofort an seine Verkäuferin weiter. Mit „Karl Schürmann“ hatte der Kunde den Scheck unterschrieben.

Zehn Minuten später wusste Juwelier Bender, dass der Scheck in Ordnung war. Und nach weiteren fünf Minuten hatten Karl Schürmann und seine junge Frau den Laden mit dem Rubin verlassen.

Hermann Bender setzte sich zufrieden hin. Er atmete tief durch. Dann fing er an, leise vor sich hin zu lachen. So ein Geschäft machte selbst er nicht alle Tage. Der Rubin war wertvoll, zweifellos. Und eine wunderschöne Arbeit. Aber dennoch war dieser herrliche Rubin nicht ganz in Ordnung. Ein ganz kleiner Fehler machte ihn sehr viel weniger wertvoll. Aber diesen Fehler konnte nur ein Fachmann bemerken. Dieser hatte ihn damals darauf aufmerksam gemacht, als er ihn bat, den Stein zu untersuchen.

Daher gab es eigentlich überhaupt keinen Grund für ihn, dass er dem richtigen Verkaufspreis noch einmal

20000 Euro hinzugefügt hatte. Wenn er nur 30000 Euro genommen hätte, wäre dies auch noch ein guter Preis gewesen. Aber es hatte ja sicher keinen Armen getroffen.

Einige Wochen später öffnete sich die Tür des Juweliergeschäfts, und herein trat mit entschlossenem Gesicht Karl Schürmann. Hermann Bender erkannte ihn sofort wieder. Er wurde sehr nervös.

„Guten Tag, Herr Schürmann!“, sagte er lächelnd. „Ich freue mich, Sie hier wieder begrüßen zu dürfen. Was kann ich für Sie tun?“

Der junge Mann griff mit kaltem Blick in seine Tasche. Einen kurzen Augenblick lang bekam Hermann Bender Angst.

Karl Schürmann suchte eine Karte heraus und gab sie dem Juwelier. „Dies“, sagte er, „ist ab nächste Woche unsere neue Adresse. Es geht um Folgendes. Meine Frau ist mit ihrem Rubinanhänger nicht nur nach wie vor sehr zufrieden, sondern sie redet auch von morgens bis abends nur noch von diesem Rubin. Es wird schwer, wenn nicht unmöglich für mich sein, jemals ein noch schöneres Geschenk für sie zu finden. Deshalb möchte ich ihr bei der nächsten Gelegenheit wenigstens ein gleichwertiges Geschenk machen. Ich habe mir vorgestellt, dass sich meine Frau sicher sehr freuen würde, wenn ich ihr demnächst zum Geburtstag noch so einen Rubin schenken würde. Dann

aber mal in ein *Armband* eingearbeitet.“

„Sie meinen, es sollte möglichst ein Rubin von gleicher Größe und gleichem Wert sein?“

„Ja“, antwortete Schürmann lächelnd.

„Das ist praktisch unmöglich“, entschied Hermann Bender schwer atmend. „Ich glaube kaum, dass es einen Stein von gleicher Qualität noch ein zweites Mal gibt.“

„Schade“, antwortete Karl Schürmann traurig. „Es war nur so eine Idee von mir. Auf das Geld käme es mir dabei nicht an. Überlegen Sie sich den Auftrag. Haben Sie noch Informationen über Rubinanhänger da?“

„Doch, doch, mein Herr, wir haben alles da.“ Hermann Bender wusste gar nicht, was er sagen sollte.

„Gut. Dann rufen Sie mich bitte an, wenn Sie einen passenden Rubin gefunden haben.“

„Helen und Karl Schürmann“ stand auf der Karte. Und darunter war die Adresse eines der teuersten Hotels angegeben.

Zunächst ließ der Juwelier in den USA nach einem passenden Rubin suchen. Sechs Wochen später versuchte er es in Kanada, Mittelamerika, Südamerika und Europa. Er ließ bekannte und weniger bekannte *Versteigerungen* beobachten, schrieb allen wichtigen Werkstätten und stand mit

Hunderten von Juwelieren in Verbindung. Er hatte schon Monate vergeblich nach einem zweiten Rubin gesucht, als ein Mann aus *Fernost* bekannt gab, er habe in *Rangun* einen Rubin gefunden, der wahrscheinlich die gewünschten Qualitäten habe. Leider sei der Besitzer noch nicht bereit zu verkaufen.

„Zahlen Sie so wenig wie möglich, aber so viel wie nötig“, sagte Schürmann, als Bender ihn anrief.

Wenige Tage später saß Hermann Bender dem Besitzer des Rubins gegenüber, einem dicken und *steinreichen* Geschäftsmann, von dem man nicht einmal genau wusste, wie er überhaupt an so viel Geld gekommen war. Auf ehrlichem Wege auf jeden Fall nicht – so hieß es.

„Sagen Sie mir“, erklärte er, „sagen Sie mir bitte, weshalb ich den Stein verkaufen soll. Ich habe genug Geld. Ich brauche kein Geld. Aber ich brauche diesen kleinen wunderschönen Stein, denn ich liebe diesen Stein.“ Er zeigte auf den Rubin.

Hermann Bender sah auf den ersten Blick, dass der Stein wahrscheinlich nur wenig überarbeitet zu werden brauchte, um dem anderen Rubin ähnlich zu sehen.

Der Juwelier brauchte genau eine Woche und danach ein weiteres Telefongespräch mit Karl Schürmann.

„Der Rubin ist wunderbar. Einmalig!“, rief Hermann Bender in den Telefonapparat. „Aber das Ganze ist verrückt. Der Mann will 175 000 Euro für den Stein haben. Dazu käme noch das Geld, das es mich gekostet hat, diesen Stein zu besorgen.“

Einen kurzen Augenblick schien sich Schürmann alles noch einmal zu überlegen. Dann wurde seine Stimme wieder fest. „Geht in Ordnung“, sagte er kurz. „Kaufen Sie.“

Hermann Bender ging zur Bank, packte das viele Geld in einen Koffer und brachte es dem Geschäftsmann. Denn der hatte es so verlangt. Er wollte keine Schecks. Wieder zu Hause, sah sich der Juwelier sofort den Rubin an. Er war wunderschön. Es war wohl das wertvollste Stück, das er jemals gesehen hatte. Aber er sah fast genauso aus wie der Stein, den die Schürmanns schon besaßen. Eduard Klinger, der Fachmann für diese Art Steine, kam zu ihm in den Laden und wollte sich den Rubin ganz genau ansehen.

„Na", rief er laut, als der Juwelier ihm den Stein zeigte. „Ich denke, es war dir gelungen, diesen Stein zu verkaufen?"

„Du irrst dich!", antwortete Hermann Bender. „Der, den du meinst, ist ja schon lange verkauft. Dies ist der andere. Der neue. Aber der ist auch schon verkauft!"

Der Experte untersuchte den Rubin. „Genaues kann ich erst nach ein paar Tagen sagen. Ich nehme den Stein mit und untersuche ihn noch einmal ganz genau. Aber der Rubin damals hatte an einer ganz bestimmten Stelle einen kleinen Fehler. Es scheint, dass dieser Stein an der gleichen Stelle auch einen kleinen Fehler hat – und wenn das stimmt, dann ist es mit Sicherheit derselbe Rubin!"

Hermann Bender wurde ganz blass. Er war jetzt sehr aufgeregt, lief schnell ans Telefon und wählte die Nummer des Hotels der Schürmanns.

„Es tut mir Leid", sagte eine Frauenstimme am Telefon, „aber Herr und Frau Schürmann sind vor zwei Tagen abgereist. Sie haben uns keine Adresse hinterlassen."

A Zum Verständnis des Textes

Kreuzen Sie die richtigen Antworten an.

1. Juwelier Hermann Bender fand, dass der Rubin
   a) sein wertvollstes Stück sei.
   b) eines seiner wertvollsten Stücke sei.

2. Die junge Frau
   a) mochte den Anhänger nicht.
   b) dachte, sie hätte diesen Anhänger schon einmal gesehen.
   c) fand den Anhänger wunderbar.

3. Hermann Bender war ziemlich aufgeregt, weil
   a) er noch nie Kunden gehabt hatte, die sich für diesen Stein interessierten.
   b) diese Kunden sich sofort nach dem Preis erkundigten.
   c) diese Kunden sich mit ihm über den Stein unterhielten.

4. Der Kunde
   a) wollte den Stein sofort bezahlen.
   b) meinte, 50 000 Euro sei eine zu große Geldsumme für diesen Stein.
   c) wollte es sich noch einmal überlegen, als er den Preis hörte.

5. Die jungen Leute mussten noch ein paar Minuten warten, bis sie den Rubin bekamen, weil
   a) Hermann Bender glaubte, der Scheck sei nicht in Ordnung.
   b) der Kunde den Scheck mit „Karl Schürmann“ unterschrieben hatte.
   c) Hermann Bender den Scheck überprüfen lassen wollte.

6. Hermann Bender lachte zufrieden, nachdem er den Rubin verkauft hatte, weil er
   a) 30 000 Euro für den Stein verlangt hatte.
   b) 30 000 Euro an dem Stein verdienst hatte.
   c) 20 000 Euro an dem Stein verdient hatte.
   d) 10.000 Euro an dem Stein verdient hatte.
7. Der junge Mann kommt noch einmal in das Juweliergeschäft, weil
   a) sich seine Frau sehr über den Stein gefreut hatte.
   b) er seiner Frau noch einen Rubin schenken möchte.
   c) er ab nächster Woche woanders wohnt.
8. Hermann Bender
   a) gelang es sofort, den gewünschten Rubin zu besorgen.
   b) fand den gewünschten Rubin bei einem Geschäftsmann in Europa.
   c) musste nach Amerika reisen, um den Rubin zu bekommen.
   d) fand den gewünschten Rubin bei einem Geschäftsmann in Rangun.
9. Hermann Bender
   a) hat mit dem Rubin ein gutes Geschäft gemacht.
   b) ist von den jungen Leuten betrogen worden.
   c) ist es gelungen, die jungen Leute zu betrügen.

B Ersetzen Sie die schräg gedruckten Wörter durch andere passende. Verwenden Sie dafür:

angstvoll, böse, erstaunt, herrlich, holen, keiner, Moment, sehen, sehr

1) Dieser Rubin ist *wunderbar*. 2) Einen *Augenblick* lang sagte *niemand* etwas. 3) Sie sah ihn *erschreckt* an. 4) „Nehmen Sie einen Scheck?", fragte er *ärgerlich*. 5) Sie war ganz *überrascht*. 6) Sie *zog* einen Scheck aus ihrer Tasche. 7) Diesen Fehler konnte nur ein Fachmann *bemerken*. 8) Sie freute sich *schrecklich*.

Äpfel für Papa

Als der Polizist Karl Schuster am Freitagabend gegen 19 Uhr in München in den Zug nach Köln steigt, sitzen in seinem *Abteil* schon zwei Herren. Er nimmt ihnen gegenüber Platz.

Der Herr am Fenster sieht müde vor sich hin. Mit seinen gut zweihundert Pfund Gewicht hat er es sicher schwer bei diesem heißen Wetter. Um so lustiger und froher ist der junge Mann neben ihm. Aufmerksam sieht er sich die Landschaft draußen an, nicht ohne hin und wieder voller Sorge auf den Dicken neben sich zu sehen. Aber dieser atmet tief und ruhig. Er scheint am Fenster bereits eingeschlafen zu sein.

„Entschuldigen Sie bitte, dass ich Sie störe“, sagt der junge Mann nun leise zu Karl Schuster. „Ich mache mir wirklich Sorgen um Papa! Schon wieder ist er hier im Abteil eingeschlafen. Das ist gefährlich! Wenn man schläft, kann einem alles Mögliche passieren.“

„Was sollte Ihrem Vater denn passieren?“, fragt Herr Schuster lachend zurück. Der Sohn schien sich wirklich zu große Sorgen um seinen Vater zu machen.

„Was ihm passieren soll?“, ruft der Sohn ärgerlich. „Man kann ihm zum Beispiel alles stehlen, was er bei sich hat! Wer weiß heutzutage, mit wem man reist! Da setzt sich jemand hin, sieht wie ein ehrlicher Mensch aus, ist aber ein *Betrüger*. Er könnte Vaters goldene Uhr wegnehmen. Sehen Sie, sie steckt einfach so in seiner Tasche. Er würde es gar nicht merken, wenn man sie ihm wegnähme.“

„Doch, ich glaube, Ihr Vater würde es sicher merken", antwortet Herr Schuster ruhig.

Aber der Sohn ist da ganz anderer Meinung: „Das wollen wir doch einmal feststellen. Ich nehme Vater die Uhr weg, und hinterher sagen wir ihm, wie *leichtsinnig* er wieder gewesen ist. Einverstanden?"

Eigentlich ist Herr Schuster nicht ganz einverstanden. Söhne, so meint er, sollten mit ihren Vätern eigentlich nicht solche Späße machen.

Aber bevor er noch etwas sagen kann, hat der Sohn die Uhr des Vaters genommen und schnell weggesteckt. Dieser hat nichts bemerkt. Er schläft ruhig weiter.

In diesem Augenblick läuft der Zug in den Bahnhof *Pforzheim* ein.

Der Sohn steht auf. „Ich werde ein paar Äpfel für Vater kaufen", meint er lächelnd. „Die isst er immer sehr gerne."

Etwa eine Minute später macht der Dicke am Fenster wieder seine Augen auf. Er sieht sich langsam im Abteil um.

„Ihr Sohn ist eben fortgegangen, um Ihnen ein paar Äpfel zu holen", erklärt Herr Schuster freundlich.

Der Dicke sieht ihn sprachlos an. „Ich weiß nicht, was Sie wollen. Ich verstehe Sie wirklich nicht ..."

„Ich sagte schon", wiederholte Herr Schuster seine Erklärung, „dass Ihr Sohn eben fortgegangen ist, um etwas Obst für Sie zu kaufen. Er wird gleich wiederkommen!"

„Ich verstehe Sie immer noch nicht", antwortet der Dicke lächelnd, „ich habe gar keinen Sohn!"

In diesem Augenblick bekommt Herr Schuster ganz plötzlich große Lust, seine Reise sofort zu unterbrechen, um sich Pforzheim einmal näher anzusehen. Obwohl doch eigentlich dort nicht viel zu sehen ist. Die Reiseführer sprechen nur von einer fleißigen Industriestadt.

A Zum Verständnis des Textes

Kreuzen Sie die richtigen Antworten an.

1. Karl Schuster
   a) setzt sich zu den beiden Herren.
   b) findet keinen Platz, weil in dem Abteil schon zwei Herren sitzen.
   c) setzt sich auf die andere Seite.

2. Der alte Herr am Fenster
   a) ist ein gefährlicher Mann.
   b) macht sich wirklich Sorgen.
   c) ist im Zug eingeschlafen.
   d) schlief schon, als Karl Schuster in das Abteil ging.

3. a) Man hat dem alten Mann unbemerkt die goldene Uhr gestohlen.
   b) Die goldene Uhr steckt sicher in seiner Tasche.
   c) Die goldene Uhr kann ihm leicht jemand aus der Tasche stehlen.

4. Karl Schuster
   a) ist mit dem Vorschlag des Sohnes einverstanden.
   b) mag den Vorschlag des Sohnes nicht sehr.
   c) mag es, wenn Söhne mit ihren Vätern Späße dieser Art machen.

5. Der Grund, warum Karl Schuster seine Reise unterbricht, ist, dass
   a) ihm Pforzheim so gut gefällt.

b) er sehen will, ob es stimmt, was in den Reiseführern so über Pforzheim steht.
c) er den angeblichen Sohn suchen will.
d) weil er den Sohn gerne näher kennen lernen möchte.

B Setzen Sie die folgenden Wörter in der Imperfektform in die Lücken ein:

glauben, schlafen, sagen, sollen, unterbrechen

a) Er ... seine Reise, um sich Pforzheim anzusehen. b) Was ... ihm denn schon passieren? c) Er ... tief und fest. d) Sie ... ihm die Geschichte nicht. e) Sie ... während der ganzen Zeit kein Wort.

C Setzen Sie die folgenden Wörter in der Imperfektform in die Lücken ein:

einlaufen, fortgehen, wegnehmen, wegstecken, wiederkommen

a) Sie ... ., ohne sich zu verabschieden. b) Er nahm die Uhr und ... sie schnell ... c) Der Zug ... pünktlich in den Bahnhof ... d) Er wartete noch eine Weile, aber sie ... nicht ... e) Sie ... ihm ganz schnell die Zeitung ...

Das merkwürdige Hobby des Heribert P.

Der Frühlingswind über den Feldern war herrlich. Heribert Patzel ging spazieren, ohne Hut und nur mit einem leichten Regenmantel, die Hände tief in den Taschen.

Er wusste, dass sein Spiel zu Ende ging. Die ganze Stadt suchte nach ihm. Keine Woche ging vorüber, in der nicht etwas von ihm in der Zeitung berichtet wurde.

„Der *Autowitzbold* war wieder in der Stadt“, stand da zu lesen oder: „Der komische Mensch mit dem *Autofimmel*“. Weniger lustige Reporter schrieben „Unbekannter bedeutet Gefahr für Autobesitzer“.

Er wusste auch, dass eine Geldsumme auf denjenigen wartete, der half, ihn zu finden. Er wusste weiter, dass eine Strafe auf ihn wartete.

Angefangen hatte es vor gut zwei Jahren, als er zufällig seinen Wagen in der Stadt bemerkte. Seine Frau hatte ihn an diesem Tag benutzt, um einzukaufen; das war ganz in Ordnung. Aber: Die Türen waren nicht zu, und der *Autoschlüssel* steckte. Und das hatte Heribert sehr böse gemacht. So hatte er sich ans *Steuer* gesetzt, war quer durch die Stadt gefahren und hatte den Wagen weit draußen auf einem Feld geparkt. Unterwegs hatte er noch eine kleine Flasche von Gerlindes *Lieblingsparfum* gekauft und in das *Handschuhfach* gelegt.

Er hatte seine Frau in eine ganz schlimme Situation gebracht. Drei Tage lebte sie in Angst um den Wagen, bis endlich der Anruf kam, dass man ihren Wagen gefunden hatte.

Dieses Erlebnis war der Anfang für das merkwürdige Hobby des Heribert Patzel. Seit jener Zeit geschah es fast Woche um Woche, dass er Autos entführte, in denen zufällig der Schlüssel steckte. Nie stahl er einen Wagen wirklich. Er benutzte ihn für eine kleine Fahrt und ließ ihn immer unbeschädigt auf irgendeinem Feldweg stehen, damit er wenig später gefunden werden konnte. Und immer dachte er daran, dem Wagenbesitzer oder der Wagenbesitzerin einen kleinen Gruß im Handschuhfach zu hinterlassen. Doch nun, wie gesagt, war das Spiel zu Ende. Der Wagen, den er letzte Woche „mitgenommen" hatte, war nicht wiedergefunden worden. Jetzt konnte er sich nicht mehr über seine Taten freuen.

Es regnete furchtbar. Heribert Patzel wollte nach Hause gehen. Doch als er den Weg am Park entlangging, blieb er plötzlich stehen. Da stand doch ein ganz neues *Sportauto, knallrot*. Es stand da, als warte es richtig auf Heribert Patzel. Langsam ging er an das Auto heran. Die Wagentür war nicht einmal richtig zu, der Autoschlüssel steckte.

Da war aber wieder jemand sehr *leichtsinnig*! sagte sich Heribert. Er sah sich um, ging am Park entlang, rief: „Hallo! Hallo!", doch er bekam keine Antwort; weit und breit war niemand zu sehen.

Er ging zu dem knallroten Auto zurück. Muss einer Frau gehören. Ein typischer Damenwagen, dachte er. Dies sollte sich sofort für ihn bestätigen, als er das Handschuhfach öffnete. Neben dem *Lippenstift* fand er dort sogar die Wagenpapiere und den Führerschein. Das Auto gehörte einer Anneliese Riemer, dem Führerscheinbild nach eine sehr hübsche junge Frau. Warum hatte sie den Wagen hier stehen gelassen?

Heribert bemerkte auf dem weichen Parkboden die

Reifenspuren eines anderen Wagen, der neben dem Sportwagen gehalten hatte. Aha, dachte er, sie hat sich vielleicht hier mit jemandem getroffen.

Den Reifenspuren nach musste es ein ziemlich schwerer Wagen gewesen sein, in dem Anneliese Riemer weitergefahren war. Der vordere rechte Reifen hatte sich tiefer in den Boden gedrückt, ihn konnte man viel besser erkennen als die anderen Reifenspuren. Wahrscheinlich hatte der andere Wagen eine Reifenpanne gehabt und den Reifen gewechselt.

Einmal noch, dachte Heribert Patzel, einmal noch könnte ich es tun! Ein letztes Mal! Er startete und fuhr langsam den Parkweg zurück. Nach etwa zwei Kilometern sah er am Weg eine *Radkappe* liegen. Hier also hatte der andere Wagen seine Reifenpanne gehabt. Er musste also in größter Eile den Reifen gewechselt und die Radkappe liegen gelassen haben. Es war die eines *Alfa Romeo.*

Heribert stellte sich Musik im Autoradio ein und überlegte, welches Geschenk er der jungen Dame ins Handschuhfach legen sollte. Der feine rote *Staub* auf dem Boden gab ihm die Idee, dass sie eine *Tennis*spielerin war. Als er also nach einer guten halben Stunde Fahrzeit den *Stadtrand* erreicht hatte, hielt er vor einem Sportgeschäft und kaufte Tennisbälle. Dann malte er mit dem Lippenstift der Wagenbesitzerin ein kleines, rotes Herz auf einen *Tennisball*, legte ihn ins Handschuhfach und fuhr weiter. Während der Fahrt sang er laut zur Radiomusik.

Doch plötzlich wurde die Musik von einer *Durchsage* der Polizei unterbrochen. Es handelte sich um einen *Banküberfall* mit *Geiselnahme.* Zwei Männer hatten eine *Filiale* der Dresdner Bank überfallen. Sie hatten den *Kassierer erschosssen* und waren in einem roten Sportwagen weggefahren. Sie hatten dabei die Besitzerin des Autos, Frau Anneliese Riemer, als *Geisel* mitgenommen.

Heribert hörte aufgeregt zu und hielt dann sofort an.

„Der Wagen hat die Nummer M – CL 32144. Die Polizei bittet dringend um Hinweise, wo ein rotes Sportauto mit dieser Nummer gesehen worden ist. Vorsicht. Die Männer sind gefährlich. Gehen Sie nicht an den Wagen heran. Die Täter haben eine *Waffe* bei sich."

Zu Tode *erschreckt* saß Heribert am Steuer des kleinen Wagens. Aussteigen und weglaufen, war sein erster Gedanke. Überlegen und ruhig bleiben! sagte er sich dann. Er war in einer schrecklichen Lage.

Heribert Patzel war der einzige Mensch, der dieser Frau helfen konnte. Aber wenn er es tat, würde jeder sofort wissen, dass er der „Autowitzbold mit dem Autofimmel" war.

Heribert Patzel überlegte schnell. Er entschied sich für einen Mittelweg. Er fuhr ganz schnell zur nächsten Telefonzelle. Er rief die Polizei an und wurde sofort mit einem *Kriminalkommissar* Hildebrandt verbunden, als er sagte, es handele sich um die *Geiselnahme*.

„Ich muss Ihnen etwas Wichtiges mitteilen", sagte Heribert aufgeregt. „Die von Ihnen gesuchten *Gangster* fahren nicht mehr in dem roten Sportauto. Sie haben am Rande des Hickstädter Parks die Wagen gewechselt. Die benutzen jetzt einen *Alfa Romeo*, dessen vorderer rechter Reifen gewechselt worden ist. Die Radkappe fehlt."

„Danke", antwortete der Kommissar. „Ein sehr wichtiger Hinweis für uns. Darf ich Ihren Namen und Ihre Adresse erfahren?"

„Das ist nicht wichtig. Suchen Sie lieber den Alfa Romeo!"

Jetzt war er zufrieden. Er hatte alles gesagt, was er wusste.

Jetzt musste er nur noch so schnell wie möglich von hier fortkommen.

Doch zu spät! Als er die Telefonzelle verließ, standen zwei Polizisten vor ihm. Sie hatten *Pistolen* in ihren Händen.

„Was, bitte, wünschen Sie?“, fragte er vorsichtig.

„Sie sind doch der Fahrer des roten Sportautos, nicht wahr?“

„Ach so“, lächelte Heribert, „das lässt sich leicht erklären. Ich habe soeben mit Ihrem Kommissar Hildebrandt telefoniert.“

„Dann werden Sie auch nichts dagegen haben, mal eben mit uns ins *Polizeipräsidium* zu fahren.“

So geschah es, dass Heribert Patzel nun doch seine Geschichte erzählen musste.

„Wir sind Ihnen sehr dankbar, Herr Patzel“, sagte Kommissar Hildebrandt, nachdem er Heribert Kaffee angeboten hatte. „Der Alfa Romeo wurde inzwischen gesehen. Auf der Autobahn nach *Salzburg*. Über die Grenze kommen die natürlich nicht.“

„Hoffentlich geht alles gut“, sagte Heribert.

„Das hoffen wir auch. Im Moment interessiert mich allerdings, wie Sie an das rote Sportauto gekommen sind.“

Heribert war auf diese Frage vorbereitet. „Ganz einfach, Herr Kommissar“, sagte er, „als ich den Wagen bemerkte, kam gerade der Hinweis der Polizei durch das Autoradio. Na, was sollte ich da tun? Ich nahm den Wagen, fuhr schnell in die Stadt und suchte die nächste Telefonzelle.“

„Gut, das würde ja das Ganze erklären“, lächelte Hildebrandt. „Sie haben das Auto also nicht gestohlen.“ Er sah Heribert scharf an. „Ich habe Sie, ehrlich gesagt, einen Augenblick für den ‚Mann mit dem Autofimmel‘ gehalten.“

„Aha“, sagte Heribert leise. „Aber dieser ‚Autowitzbold‘, von dem Sie sprechen, ist ja wohl kein richtiger *Autodieb* ... ?“

„Nein, die Wagen wurden immer wieder aufgefunden.“

„Auch der letzte?“, fragte Heribert, noch leiser.

„Ja, auch der letzte“, sagte Hildebrandt.

In diesem Moment kam ein Kollege Hildebrandts aufgeregt ins Büro. „Geschafft!“, rief er. „Die Grenzpolizei hat die Gangster erkannt. Sie ließen sich sofort verhaften.“

„Und Frau Riemer?“, wollte Heribert wissen.

„... ist gesund und guter Dinge. Ihr Ehemann ist übrigens im Nebenzimmer. Er möchte sich bei Ihnen bedanken, Herr Patzel.“

„So, so“, sagte Heribert. Und da der Kommissar nichts dagegen hatte, verabschiedete er sich und ging hinaus.

„Ein komischer Mensch“, sagte Hildebrandt, als Heribert das Büro verlassen hatte.

„Wieso?“, fragte sein Kollege.

„Er bemerkt dieses Sportauto am Hickstädter Park, hört den Hinweis der Polizei, fährt in die Stadt und ruft die Polizei an. Jeder andere Mensch hätte dafür mindestens eine halbe Stunde gebraucht. Er hat es in knapp fünf Minuten geschafft. Der *Banküberfall* kam um 15 Uhr 30 durchs Radio, er rief aber um 15 Uhr 34 an.“

„Diese Sache müssen wir uns aber mal genauer ansehen“, meinte sein Kollege.

„Ach, lassen Sie nur! Stellen Sie lieber fest, was für einen Wagen dieser Herr Patzel fährt!“

Zwei Tage später stellte Heribert Patzel fest, dass sein Auto weg war. Er fragte seine Frau, ob sie es benutzt hatte, doch das war nicht der Fall. Es gab keinen Zweifel – sein Wagen war gestohlen worden.

Weitere zwei Tage später rief ihn jemand an, nannte aber nicht seinen Namen. Man wollte ihm nur mitteilen, dass sein Wagen im Hickstädter Park stehe.

Er nahm ein Taxi und ließ sich hinausfahren. Sein Wagen stand genau an der Stelle, die man ihm angegeben hatte.

Im Handschuhfach aber fand er einen Tennisball, auf den mit Lippenstift ein kleines, rotes Herz gemalt war.

Heribert Patzel hat sich inzwischen ein neues Hobby gesucht. Er sammelt jetzt stehen gelassene Regenschirme.

A Zum Verständnis des Textes

Kreuzen Sie die richtigen Antworten an.

1. Die Zeitungen schrieben über Heribert Patzel, weil
   a) die Leute etwas über Autos lesen wollten.
   b) die Leute jede Woche etwas von ihm hören wollten.
   c) er überall gesucht wurde.
   d) er ein lustiger Mensch war.

2. Auf Heribert Patzel wartete
   a) eine Strafe.
   b) eine Geldsumme.
   c) ein Auto.

3. Damals hatte er das Auto an einen anderen Platz gefahren, weil
   a) er einen schlechten Tag gehabt hatte und sich geärgert hatte.
   b) er es seiner Frau bringen wollte, die gerade einkaufte.
   c) er seiner Frau etwas Parfum kaufen wollte.
   d) der Wagen nicht richtig abgeschlossen war.

4. Heribert Patzels merkwürdiges Hobby war es,
   a) Autos zu stehlen.
   b) mit Autos wegzufahren, in die er leicht einsteigen konnte.
   c) mit Autos wegzufahren, die zufällig auf der Straße herumstanden.
   d) mit Autos wegzufahren, deren Besitzer er kannte.

5. Sein Spiel war jetzt zu Ende, weil
   a) er vorsichtig geworden war.
   b) er kein schönes Auto mehr fand.
   c) das letzte Auto nicht mehr gefunden worden war.
   d) er schon letzte Woche ein Auto „mitgenommen" hatte.

6. Heribert Patzel ging zu dem Sportauto, weil es
   a) auf ihn wartete.
   b) es regnete.
   c) ein ganz neues Sportauto war.

7. Die Besitzerin des roten Autos
   a) hatte eine Bank überfallen.
   b) hatte einen Kassierer erschossen.
   c) gehörte zu den Männern, die eine Bank überfallen hatten.
   d) war die Geisel der Männer, die eine Bank überfallen hatten.

8. Heribert Patzel rief die Polizei an, um ihnen
   a) die Nummer des roten Sportautos mitzuteilen.
   b) den Namen der Frau mitzuteilen.
   c) Namen und Adressen der Bankräuber mitzuteilen.
   d) mitzuteilen, mit welchem Auto die Bankräuber unterwegs waren.

9. Wer hat wohl Heribert Patzels Wagen gestohlen?
   a) Seine Frau?
   b) Ein Gangster?
   c) Frau Riemer?

B Welche Erklärung passt zu welchem Wort?

Führerschein	a) Abdruck im Boden oder Schnee, den Reifen hinterlassen
Handschuhfach	b) behördliche Erlaubnis zum Führen eines Kraftfahrzeuges
Radkappe	c) Dokumente, die zeigen, wem der Wagen gehört
Reifenpanne	d) kleines Abteil vorne im Wagen für kleinere Gegenstände
Reifenspur	e) niedriges, sehr schnelles Auto
Sportwagen	f) Schaden am Autoreifen
Steuer	g) Schutzvorrichtung am Wagenrad
Wagenpapiere	h) Vorrichtung an Fahrzeugen, mit der man die Richtung bestimmt

Ein etwas ungewöhnlicher Pullover

Horst Greiner war mit einem Kilo *Heroin* von der Polizei verhaftet worden. Er hatte das Heroin in kleine Mengen abgepackt und war gerade dabei gewesen, es zu verkaufen.

Der erste Käufer war jemand von der Polizei.

Jetzt saß Greiner *Kommissar* Würzer gegenüber.

„Also noch mal, Greiner", sagte der Kommissar ärgerlich. „Mit wem arbeiten Sie zusammen? Die erste Geschichte glaube ich Ihnen nämlich nicht."

Greiner sah ihn böse an und sagte gar nichts mehr.

„Mann!", sagte Albrecht, Würzers Kollege, „Seien Sie doch mal vernünftig. Wollen Sie denn allein die ganze Verantwortung übernehmen? Wir bekommen die anderen *sowieso* – das ist nur eine Frage der Zeit. Wenn Sie reden, ersparen Sie uns eine Menge Arbeit. Ihre eigene Lage könnten Sie wesentlich verbessern, wenn Sie uns dabei helfen!"

Aber Greiner blieb hart. „Ich kann nur sagen, dass ich Ihnen die ganze Wahrheit erzählt habe. Ich habe mit meiner Frau in *Istanbul* Ferien gemacht. Ein unbekannter Mann kam dann eines Tages zu uns und hat uns das Heroin gegeben. Er wollte dafür mein Auto haben. Ich sah darin das Geschäft meines Lebens, ließ dem Mann das Auto, meldete den Wagen als gestohlen, und wir reisten dann wieder nach Hause."

„Für wie dumm halten Sie uns eigentlich?" Der Kommissar stand auf. „Ein Kilo reines Heroin für ein Auto? So viel Heroin für ein kleines, altes Auto?"

„Ich verstehe doch nichts von Wert und Qualität, Herr Kommissar. Wollte nur einmal mitmachen, um an Geld zu kommen und meine *Schulden* loszuwerden. Der Wagen war auch noch gar nicht bezahlt", antwortete er traurig und *schuldbewusst*.

„Also dann ab ins *Gefängnis*", sagte Kommissar Würzer ärgerlich. „Wir werden die anderen Männer auch ohne Ihre Hilfe bekommen. Je länger das dauert, um so länger sitzen Sie im Gefängnis."

Drei Wochen schon hatten der Kommissar und seine Kollegen den Fall untersucht. Viele Leute waren *verhört* worden – ohne Erfolg. Weil Greiner nichts sagen wollte, konnte man nichts beweisen.

„Diese Männer haben bestimmt mit Greiner zusammengearbeitet", meinte Würzer. „Ich hatte fest damit gerechnet, dass er was sagt – irgendwann muss er doch reden ..."

„Ich bin nicht so sicher, Chef", meinte Albrecht. „Vielleicht stimmt Greiners Geschichte doch. Es ist immerhin möglich, dass nämlich dieser andere in Not war und das Heroin plötzlich loswerden musste, um dann fortzugehen. Dann war der Wagen Greiners für ihn jede Menge wert."

„Nein – Greiner erzählt uns nur Lügen. Der wird uns keine Namen nennen. Wahrscheinlich hat er furchtbare Angst vor den anderen Männern. Greiner hat eine Frau und zwei kleine Kinder. Solange die von den anderen gut unterstützt werden, sagt der nichts."

„Aber wie soll er denn das wissen? Er hat doch zu niemandem Verbindung. Nur seine Frau hat ihn bisher einmal besuchen dürfen."

„Das ist es, Albrecht! Sie muss ihm etwas gesagt haben. Wir fahren ins Gefängnis und sprechen mit dem Beamten, der während der Besuchszeit dabei war."

Also fuhren Sie hin und fragten ihn. „Nein, eine Nachricht kann Frau Greiner ihrem Mann nicht gegeben

haben", meinte der Gefängnisbeamte. „Sie saßen sich gegenüber, und ich habe aufgepasst. Sie sahen sich an und redeten nur ein bisschen. Nichts Wichtiges."

„Überlegen Sie genau", sagte Würzer. „Was Sie für unwichtig halten, kann für uns sehr wichtig sein."

„Ja, etwas habe ich bemerkt", erinnerte sich der Beamte nach ein paar Minuten. „Die Frau trug einen ungewöhnlichen Pullover. Er war *bunt*, mit Punkten und *Strichen*, völlig *durcheinander*. Schrecklich. Der Rock, den sie dazu anhatte, war dann ganz einfach. Deshalb fielen mir wohl die Farben des Pullovers so besonders ins Auge. Und er war auch so merkwürdig *gemustert*."

„Also, was die Frau anhatte, ist nun wirklich nicht von Bedeutung", meinte Albrecht.

„Punkte und Striche haben Sie gesagt? Das erinnert mich doch an etwas ..." Würzer dachte nach. „Ja – das ist es!

Greiner war Seemann, er ist *Funker* gewesen. Während seine Frau vor ihm saß, konnte er die *Morsezeichen*, mit denen die Frau den Pullover bestickt hatte, ablesen. Das ist die Erklärung!"

„Das ist aber ein Ding", sagte Albrecht ganz aufgeregt.

„Genau! Wir werden uns jetzt mal Frau Greiners Wohnung genau ansehen."

Tatsächlich. Sie fanden den Pullover sofort. Auf weißem Grund waren in Blau und Rot Punkte und Striche zu sehen. Die erste Reihe sah so aus:

.... .– .–.. – –.. .. –.–. .... –

„*Halt dicht*", hatten die Punkte und Striche ergeben. „Familie wird unterstützt", war in der nächsten Reihe zu sehen, „dein Anteil ist gesichert", sagten die letzten Morsezeichen.

„Kaum zu glauben, worauf diese *Gangster* doch kommen", stellte der Kommissar fest und ließ Greiner holen.

A Zum Verständnis des Textes

Kreuzen Sie die richtigen Antworten an.

1. Als die Polizei Horst Greiner verhaftete,
   a) wollte er gerade das Heroin in kleine Mengen abpacken.
   b) kaufte er gerade Heroin.
   c) wollte er gerade Heroin verkaufen.

2. Er könnte seine Lage bei der Polizei verbessern, wenn er
   a) eine Menge Arbeit für sie erledigte.
   b) die ganze Verantwortung der Tat übernähme.
   c) die Namen der anderen Männer sagte.
   d) sagte, wer alles für ihn arbeitete.

3. Greiner behauptete, er habe das Heroin von
   a) seiner Frau in Istanbul bekommen.
   b) irgend jemand in Istanbul bekommen.
   c) einem Bekannten in Istanbul bekommen.
4. Nach drei Wochen
   a) hatte die Polizei die anderen Männer endlich gefunden.
   b) konnte die Polizei Greiner dazu bringen, seine Geschichte zu erzählen.
   c) hatte die Polizei die Lösung gefunden.
   d) konnte die Polizei Greiners Fall immer noch nicht lösen
5. Dem Beamten war während der Besuchszeiten aufgefallen, dass
   a) Frau Greiner ein schreckliches Kleid trug.
   b) Frau Greiner sehr einfach gekleidet war.
   c) das Muster auf Frau Greiners Pullover sehr merkwürdig war.
6. Ein wichtiger Beweis für die Polizei war
   a) Frau Greiners Pullover.
   b) Greiners Wohnung.
   c) Frau Greiners Kleidung.

B Setzen Sie die folgenden Wörter in der richtigen Form in die Lücken ein:

bekommen, nehmen, verhaften, wählen

a) Der Bankräuber wurde von der Polizei ... b) Er hat sich einfach den Autoschlüssel ... c) Der Gewinner konnte zwischen einer Reise nach Istanbul und einem Auto ... d) Sie ... das Buch aus dem Regal. e) Haben Sie meinen Brief schon ... ? f) Wenn Sie Herrn Greiner sprechen wollen, müssen Sie die Nummer 6 77 80 ... g) Wenn Sie es eilig haben, ... Sie bitte meinen Wagen.

Bitterer Kaffee

„Schmeckt ganz komisch, der Kaffee“, sagte Alfred zu Martin.

Martin trank etwas von dem Kaffee. „Ja, du hast ganz Recht. Ziemlich bitter.“

Alfred wurde ganz blass, trank den Kaffee aus und bat die Kellnerin zu kommen. „He, Martina – die Rechnung bitte!“

Sie kamen jede Woche einmal hier in dieses Gasthaus, auf ihrer Strecke durch die Alpen. Alfred war der Fahrer, verantwortlich für Wagen und Inhalt. Er war Anfang dreißig, fast zehn Jahre älter als Martin.

Ihr Wagen war ein *Geldtransporter* der Deutschen Bank. Sie besuchten die *Filialen* der Bank in den Bergen, um Geld dort hinzubringen und ausländische *Währungen* abzuholen, die von Touristen gewechselt worden waren. Jetzt am Mittag lagen etwa 450 000 Euro im Wagen, plus ein paar Tausend in Dollar und anderen Währungen.

Ein Stück weiter unten in der Hauptstraße stand ein *Renault*. Wegen einer aufgeschlagenen Zeitung konnte man den Kopf der Person hinter dem *Steuer* nicht sehen.

Alfred sah sich um, bevor er einstieg. Die Türen waren ohne Schlüssel von außen nicht zu öffnen, und Alfred zog den Schlüssel nur aus der Tasche, wenn keine komischen Personen in der Nähe waren.

Er sah zwar den Renault, aber er beachtete die Person hinter der Zeitung nicht. Vielleicht schlief der Fahrer ein bisschen in der Mittagszeit.

Nach ein paar Kilometern Fahrt sagte Alfred plötzlich: „Ich glaube, mit dem Essen war etwas nicht in Ordnung."

„Komisch im Magen?", fragte Martin. „Du, das geht mir genauso. Vielleicht war was mit dem Fisch?"

„Ich weiß nicht", sagte er, und dann meinte er weiter: „Außerdem fährt dauernd ein Renault hinter uns her."

Martin sah nach hinten. „Da sitzt nur ein Mädchen drin", sagte er.

Das Mädchen fuhr etwas langsamer. Es war besser, wenn sie nicht zu nah an den Wagen heranfuhr. Der Fahrer des Geldtransporters durfte nichts merken. Sie lächelte. Noch zehn, höchstens fünfzehn Kilometer. Dann musste er anhalten, ob er wollte oder nicht.

„Mensch, Alfred – du bist ja ganz weiß im Gesicht!" Martin schien *erschrocken.* Sie fuhren die Bergstraße hinauf.

Alfred sah wieder nach hinten. „Dieser Renault ist immer noch hinter uns. Etwas weiter zurück, aber er folgt uns." Er war jetzt sehr nervös. „Gib mir bitte eine Zigarette, Martin."

Martin ging es auch immer schlechter. „Alfred – lass uns anhalten, mir ist ganz schlecht. Wir sollten mal an die frische Luft gehen, dann wird uns bestimmt besser."

„Nein", sagte Alfred. „An dieser ganzen Sache stimmt etwas nicht, Martin. Der Renault ..."

„Ach was", antwortete Martin. „Die Kleine hinter uns im Renault hat einfach nicht den Mut, an uns vorbeizufahren, das ist alles."

Martin war ärgerlich, ja sogar böse jetzt. Helgard war aber auch zu dumm. An sich war sein Plan gut. Und er hatte ihr noch genau erklärt, sie solle so weit wie möglich hinter ihnen bleiben. Denn schließlich durfte Alfred nichts merken.

Mindestens eine halbe Million, hatte Martin gesagt. Sie würde damit nach Paris zurückfahren. Martin würde nachkommen.

Niemand wusste, dass sie sich beide kannten. Sie hatten sich im letzten Urlaub kennengelernt und den Plan zusammen ausgearbeitet:

Alfred würde anhalten müssen. Bald darauf würde er einschlafen wegen der Tropfen, die ihm Martin in den Kaffee getan hatte. Dann sollte Martin das gleiche Mittel wegen der Untersuchung nehmen. Man sollte beide Männer schlafend auf einem Parkplatz finden – neben dem leeren Geldtransporter. Ein kluger Plan war das.

Aber jetzt bekam Martin es mit der Angst zu tun. „Mann, Alfred – halt an! Oder lass wenigstens mich ans Steuer. Das geht doch nicht gut!"

Der Transporter war schon ein paarmal auf die linke Straßenseite gekommen. Alfred hing nur noch so über dem Steuer.

„Wir können nicht anhalten", sagte er leise. „Und dir ist genauso schlecht wie mir. Der Renault ..., diese *Gangster* bringen dich heute gleich um ... Wir müssen nach ..., dort sind wir sicher ..."

In der vorletzten Kurve dann kam der Transporter von der Straße ab. Als er mit der Seite gegen die *Leitplanke* stieß, *kippte* er drüber.

„Herr Direktor? Hier ist die Polizei. Wir haben im Krankenhaus mit Ihrem Fahrer sprechen können. Er hat Glück gehabt. Für ihn sieht es nicht ganz so schlimm aus, wie die Ärzte zuerst annahmen. Er wurde während der Fahrt *bewusstlos*, aber er wollte in den nächsten Ort, weil

ihm ein Auto, ein Renault, dauernd folgte. Das war ihm komisch vorgekommen. Daran scheint auch etwas zu sein: Wir haben diesen Renault gefunden, er war gestohlen worden. Es sieht jetzt so aus, als sei dem Fahrer etwas ins Essen getan worden. Ein Schlafmittel oder so. Möglicherweise steckte der Beifahrer mit drin, denn bei ihm fand sich keinerlei Schlafmittel ... Das Geld? Das haben wir auch."
Der Polizist fragte jetzt laut: „Sind Sie noch dran? Nein, fragen konnten wir ihn nicht, diesen Martin. Er wurde aus dem Transporter geworfen, als das Auto gegen die Leitplanke stieß. Er ist tot."

A Zum Verständnis des Textes

Kreuzen Sie die richtigen Antworten an.

1. Martin war etwa
   a) 20 Jahre alt.
   b) 30 Jahre alt.
   c) 40 Jahre alt.

2. Alfred war immer vorsichtig, wenn er in den Wagen stieg, weil
   a) meistens komische Leute in der Nähe waren.
   b) sie viel Geld in ihrem Transporter hatten.
   c) sie wertvolle Ware in ihrem Transporter hatten.

3. Während der Fahrt bemerkte Alfred, dass
   a) sie ganz allein auf der Straße waren.
   b) ihnen mehrere Autos folgten.
   c) ihnen ein Auto folgte.

4. Alfred war nervös, weil
   a) es ihm nicht gut ging.
   b) er frische Luft brauchte.
   c) ihm alles etwas komisch vorkam.
   d) Martin so komisch war.

5. a) Nur Martin kannte den Plan.
   b) Alfred und Martin kannten beide den Plan.
   c) Nur die Renault-Fahrerin kannte den Plan.
   d) Martin und die Renault-Fahrerin kannten beide den Plan.

6. Wer hat überlebt?
   a) Alfred?
   b) Martin und Alfred?
   c) Martin?

B Wählen Sie bitte die richtige Form der eingeklammerten Wörter.

a) Er (müssen) (anhalten), weil es ihm schlecht ging. b) Er (stoßen) mit seinem Wagen gegen die Leitplanke. c) Haben Sie den Renault endlich (finden)? d) Er wurde aus dem Auto (werfen). e)Haben Sie schon Kaffee (trinken)? f) Diesen Mann (suchen) wir nicht. Der hat noch nie eine Bank (überfallen). g) Wer hätte das (denken)?

Wörterverzeichnis

A	das **Abteil** *(Mehrzahl:)* die Abteile	in einem Wagen der Eisenbahn gibt es viele kleine Räume; das sind Abteile; *Möchten Sie lieber in einem Raucher oder Nichtraucher-Abteil sitzen?*
	die **Alarmanlage**	Gerät, das die Leute alarmiert, wenn Einbrecher kommen.
	der **Alfa Romeo**	italienische Automarke
	Sie hatte ein **Alibi**.	Sie konnte beweisen, dass sie zur Zeit des Verbrechens an einem anderen Ort war.
	der **Auftragsdienst**	ein besonderer Dienst für Telefonbesitzer, die nicht zu Hause sind; sie können die Post bitten, ihre Telefonanrufe aufzunehmen und ihnen hinterher mitzuteilen, wer angerufen hat.
	der **Autodieb** *(Mehrzahl:)* die Autodiebe	Jemand, der ein Auto gestohlen (*siehe auch unter:* stehlen) hat; jemand, der einem anderen Menschen das Auto einfach weggenommen hat.
	Er hat einen **Autofimmel**.	Er hat ein sehr großes Interesse an Autos; er hat einen Autotick.
	Er ist der **Autowitzbold**.	Er ist derjenige, der Witze (*oder:* Späße) mit Autos macht (*hier:* mit den Autos anderer Leute).
B	der **Baldeneysee**	Stausee in Essen (Essen = Stadt in Nordrhein-Westfalen)

der **Banküberfall** *(Mehrzahl:)* die Banküberfälle	Leute kommen in eine Bank, um Geld zu stehlen.
Das ist **bedauerlich.**	Das tut mir Leid; das ist schade.
der **Betrüger**	Jemand, der einen anderen Menschen betrügt; ihm Unrecht tut; *er hat mir zu wenig Geld wiedergegeben – er ist ein Betrüger*
(sich) **beugen** (er beugt sich – beugte sich – hat sich gebeugt) Er beugte sich zu dem Pudel hinunter.	Er drehte den Rücken so, dass er den Pudel mit der Hand berühren konnte.
beugte	(*siehe:*) (sich) beugen
Er wurde **bewusstlos.**	Er fiel auf die Erde und merkte nicht mehr, was passierte.
BMW	*Abkürzung für* Bayerische Motorenwerke; Autofabrik in Bayern.
Brandy	alkoholisches Getränk
bunt	mit vielen Farben; *ein buntes Kleid*
D ein **Ding** drehen	(*umgangssprachlich:*) ein Verbrechen begehen; *ich habe das Ding nicht gedreht* (= ich habe das Verbrechen nicht begangen; ich habe die Sache nicht gemacht).
Etwas ist **durcheinander.**	Etwas ist nicht ordentlich, es ist ein Chaos.
Sie hörten eine **Durchsage** der Polizei im Radio.	Sie hörten eine Nachricht der Polizei im Radio.
E der **Einbruch** im Juweliergeschäft	Im Juweliergeschäft ist eingebrochen worden; Männer sind in das Juweliergeschäft eingedrungen und haben Schmuck (z. B. Ringe) gestohlen, weggenommen.

	Das war ein **einmaliges** Stück.	Dieses Stück war herrlich, das gibt es so schnell nicht noch einmal.
	entführen (er entführte es – hat es entführt)	ohne Erlaubnis mitnehmen
	erben (erbt – erbte – hat geerbt) sie hat viel Geld von ihren Eltern geerbt	Sie hat nach dem Tod ihrer Eltern viel Geld von ihnen bekommen (Geld, das die Eltern ihr zurückgelassen haben).
	erschießen (erschoss – hat erschossen) (wurde erschossen)	Er wurde mit einer Waffe (z. B. einer Pistole) getötet.
	erschossen	(*siehe:*) erschießen
	Er schien **erschrocken** zu sein.	Er schien erschreckt zu sein.
	Er fragt **erstaunt.**	Er fragt, weil er es kaum glauben kann.
	... fragte sie voll **Erstaunen** Zu ihrem großen Erstaunen fuhr er nach München.	... fragte sie überrascht Sie hätte nicht gedacht, dass er nach München fährt.
	Essen	Stadt in Nordrhein-Westfalen
F	aus **Fernost**	aus den Ländern Asiens
	fesseln (fesselte – hat gefesselt) Er fesselte ihn.	Er band ihm Hände und Füße zusammen, so dass er sich nicht mehr bewegen konnte.
	fesselte	(*siehe:*) fesseln
	festgenommen	(*siehe:*) festnehmen
	festnehmen (nimmt fest – nahm fest – hat festgenommen) Man hat ihn festgenommen.	Die Polizei hat ihn in Arrest genommen; die Polizei hat ihn mitgenommen.
	die **Filiale**	kleineres Geschäft (*oder:* Zweigstelle), das zu einem größeren Geschäft (*oder auch:* zu einer Bank) gehört.
	der **Funker**	Jemand auf einem Schiff oder in einem Flugzeug, der mit Morsezeichen (*siehe auch*

	unter: Morsezeichen) gesendete Nachrichten liest und der auf gleiche Weise auch Nachrichten sendet.
G der **Gangster**	(*umgangssprachlich;* aus dem Amerikanischen) der Verbrecher (= jemand, der etwas getan hat, wofür ihn die Polizei sucht)
geerbt	(*siehe:*) erben
das **Gefängnis**	Gebäude, in das Verbrecher kommen, wenn sie bestraft werden: *Für den Mord musste er 15 Jahre ins Gefängnis.*
gefesselt	(*siehe:*) fesseln
die **Geisel** bei einem Banküberfall	Jemand, der bei einem Überfall von den Gangstern (*siehe auch unter:* Gangster) festgehalten wird, damit die Verbrecher bestimmte Dinge verlangen können.
die **Geiselnahme**	Die Verbrecher nehmen bei einem Verbrechen (z. B. Banküberfall) Menschen mit sich, damit sie gegenüber der Polizei im Vorteil sind (*oder:* bestimmte Dinge verlangen können).
geladen	(*siehe:*) laden
geschossen	(*siehe:*) schießen
die **Gewalt** Er öffnete die Tür mit Gewalt.	Er öffnete die Tür mit großer Kraft.
die **Glasscherbe** (*Mehrzahl:*) die Glasscherben	kleine Glasstücke

H	**halt** dicht!	(*umgangssprachlich:*) sag nichts!; verrate nichts!
	das **Handschuhfach** im Auto	kleines Fach (*oder:* kleine Abteilung) vorne im Auto, in das man kleine Dinge, wie z.B. Handschuhe, Karten usw. legen kann.
	hassen (er hasst – hasste – hat gehasst)	
	Sie hassen mich.	Sie können mich überhaupt nicht leiden; sie mögen mich überhaupt nicht.
	das **Heroin**	(*siehe:*) Rauschgift, Droge
	der **Herzinfarkt**	Erkrankung des Herzens
	Er ist ganz schön auf den **Hund** gekommen.	(*umgangssprachlich:*) Es geht ihm schlecht; er ist wirtschaftlich (= geldlich) in einer schlechten Situation.
I	der **Inspektor**	(*hier:*) Polizeibeamter
	Istanbul	Stadt in der Türkei (am Bosporus)
J	der **Juwelier**	Jemand, der mit Schmuck (= Armbändern, Ringen) handelt und ihn verkauft.
K	der **Kassierer** (die Kassiererin)	Jemand, der an der Kasse sitzt und Geld einnimmt.
	der **Killer**	(*umgangssprachlich; aus dem* Amerikanischen) der Mörder (= Jemand, der einen anderen Menschen getötet hat.)
	kippen (kippte – hat gekippt)	
	Das Auto kippte über die Leitplanke.	Das Auto fiel über dieLeitplanke (*siehe auch unter:* Leitplanke).
	kippte	(*siehe:*) kippen

	knallrot	besonders intensives (*oder:* starkes) rot
	der **Kommissar**	Polizist
	die **Konkurrenz** Er war Konkurrenz für ihn.	(*hier:*) Er war ein Feind für ihn, da er sich wie er um Henriette Köster kümmerte.
	Seine Schulden waren ihm über den **Kopf** gewachsen.	Seine Schulden waren zu hoch für ihn geworden; er schuldete so viel Geld, dass er nicht mehr wusste, wie er es zurückzahlen sollte.
	der **Kriminalkommissar**	Dienstgrad bei der Polizei
L	**laden** (er lädt – lud – hat geladen) Die Waffe war nicht geladen.	In der Waffe (z. B. Pistole) war keine Munition (= Kugel) drin; so konnte er auch keinen Menschen mit der Waffe töten.
	Er war bei einem Autounfall ums **Leben** gekommen.	Er hatte einen Autounfall, bei dem er getötet wurde.
	Er ist **leichtsinnig.**	Er ist nicht vorsichtig; er ist sorglos und kommt damit in Gefahr.
	die **Leitplanke**	Blechstreifen (*oder:* kleine Mauer) an der Seite der Straße, zum Schutz für Autos an gefährlichen Kurven.
	der **Liebling**	Jemand, der von einem anderen Menschen besonders geliebt wird; liebevolle Anrede
	das **Lieblingsparfum**	Parfum (= Flüssigkeit, die besonders gut riecht), das man besonders gern hat.
	lohnen (lohnte – hat gelohnt) Das Verbrechen lohnte sich nicht.	Das Verbrechen war die Anstrengung nicht wert; das Verbrechen brachte keinen Nutzen.
	lohnte	(*siehe:*) lohnen

M Er war sein Manager.	Er plante seine beruflichen Dinge.
Mettmann	Stadt in Nordrhein-Westfalen
Es war **Mord.**	Jemand ist umgebracht (= getötet) worden.
der **Mörder** (*Mehrzahl:*) die Mörder	Jemand, der einen anderen Menschen ermordet (= getötet) hat.
das **Morsezeichen**	Mit Morsezeichen werden Nachrichten gesendet. Dabei werden die Buchstaben in Form von langen und kurzen Signalen gesendet (z. B. SOS = ... - - - ...
N Diese Geschichte **nehme** ich Ihnen nicht ab.	Diese Geschichte glaube ich Ihnen nicht.
P der **perfekte** Mord	Der Mord (*siehe auch unter:* Mord) ist perfekt, weil es der Polizei unmöglich ist, den Mörder (*siehe unter:* Mörder) zu finden.
der **Personalausweis**	Amtliches Dokument, das Informationen über den Menschen enthält, wie z. B. Geburtsdatum, -ort, Wohnort usw. *Er konnte sich ausweisen, er hatte ja einen Personalausweis dabei.*
Pforzheim	Stadt im Norden des Schwarzwaldes.
das **Polizeipräsidium**	Gebäude, in dem der Polizeipräsident arbeitet; Zentrale der Polizei.

	Poker	Glücksspiel mit Karten; *er hat beim Pokern viel Geld gewonnen.*
R	**Rangun**	Hauptstadt von Burma
	... und dann raus mit Ihnen!	... und dann gehen Sie hinaus!
	das **Rauschgift**	Droge, wie z. B. Haschisch, Marihuana, Heroin usw.
	die **Redaktion** einer Zeitung	die Abteilung einer Zeitung, in der die Redakteure arbeiten; *der Redakteur schrieb einen Artikel über die Wahl.*
	der **Renault**	Marke eines Autos, das in Frankreich hergestellt wird.
	der **Rubin**	Wertvoller Stein, der zu Schmuck verarbeitet wird; roter Edelstein.
S	der **Safe**	kleiner Schrank oder kleines Kästchen, die vor Feuer und Einbruch sicher sind und in die man Geld und wertvolle Gegenstände legt.
	Salzburg	Stadt in Österreich.
	der **Schauspieler** (die Schauspielerin)	Jemand, der im Theater oder im Film bestimmte Rollen spielt; *er war ein ganz bekannter Schauspieler.*
	Er holte ein paar **Scheine**.	Er holte ein paar Geldscheine (= Papiergeld, im Gegensatz zu Münzen).
	schieben (er schiebt – schob – hat geschoben) Er schob das Telefon vom Tisch.	Er drückte (*oder:* bewegte) das Telefon vom Tisch.

schießen (er schießt – schoss – hat/ist geschossen)	eine Waffe, z. B. eine Pistole gebrauchen, um jemand zu verletzen oder zu töten; *der Verbrecher hatte mit einerPistole auf den Polizisten geschossen.*
der **Schneider** (die Schneiderin) (Damen- und Herrenschneider[in])	Jemand, der Kleider nähen (oder: anfertigen) kann.
schob	(*siehe:*) schieben
schoss	(*siehe:*) schießen
Er sah ihn **schuldbewusst** an.	Er sah ihn so an, dass man genau wusste, dass er sich schuldig fühlte.
Er hatte **Schulden** bei ihm.	Er schuldete ihm noch Geld; er musste ihm noch Geld zurückgeben.
Es fiel ein **Schuss.**	Jemand hat (z. B. mit einer Pistole) geschossen (*siehe:* schießen).
die **Serviererin**	Eine Frau, die in einem Restaurant oder einer Gaststätte die Gäste bedient (= das Essen serviert).
Wir bekommen die anderen Betrüger **sowieso**.	Wir bekommen die anderen Betrüger auf jeden Fall (auch ohne Ihre Hilfe).
der **Stadtrand** von München Sie wohnten am Stadtrand.	das Gebiet um München herum; *Sie wohnten nicht in der Stadtmitte, sondern außerhalb.*
der rote **Staub** vom Tennisplatz	die rote Erde in ganz feiner Form vom Boden des Tennisplatzes.
Sie ist **steinreich**.	Sie ist sehr reich; sie hat furchtbar viel Geld.
der **Strich** (*Mehrzahl:*) die Striche	Linie, die man z. B. mit einem Bleistift zieht; *einen dicken Strich ziehen.*

T Sie hat **Talent**.	Sie kann etwas sehr gut.
Er hat großes Talent zum Malen.	Er malt ungewöhnlich gut.
Tennis	(= Ballspiel) *Sie spielt Tennis.*
das (Tennis-)**Turnier**	Sportlicher Wettbewerb (national und international), bei dem festgestellt wird, wer am besten Tennis spielen kann.
U jemanden **umbringen** (er bringt jdn um – brachte jdn um – hat jdn umgebracht)	jemanden töten
Er hat ihn umgebracht.	Er hat ihn getötet.
umgebracht	(*siehe:*) umbringen
das **Unrecht**	Handlung oder Tat, die nicht dem Recht oder Gesetz entspricht; *in der Welt gibt es viel Unrecht* (= Böses *oder:* viel Ungerechtigkeit).
V **verhören** (verhörte – hat verhört)	
Sie war von der Polizei verhört worden.	die Polizei hatte ihr wegen eines Verbrechens einige Fragen gestellt.
verhört	(*siehe:*) verhören
sich **verspäten** (er verspätete sich – hat sich verspätet)	
Vielleicht hat sie sich verspätet.	Vielleicht kommt sie etwas später (*oder*: zu spät).
verspätet	(*siehe:*) verspäten
Sie sah ihn **verständnislos** an.	Sie sah ihn ungläubig an; sie verstand nicht, was er meinte.

die **Versteigerung**	Veranstaltung, auf der Gegenstände (z. B. Antiquitäten, Bilder, Porzellan usw.) angeboten werden und dann an denjenigen verkauft werden, der das meiste Geld dafür bietet.
der **Vorsitzende** des Clubs	Jemand, der den Club leitet.
W die **Waffe**	Pistolen, Revolver usw. sind Waffen.
ausländische **Währung**	ausländisches Geld
das **Wartezimmer**	Raum in der Arztpraxis, in dem die Patienten warten.

Schlüssel

Anruf für einen Toten
A 1d – 2b – 3d – 4c – 5c – 6d – 7c – 8b
B a = auf / b = an / c = um / d = unter / e = an /f = am / g = für
C a) nahm ... an b) sahen ... zu c) rief ... an d) fand ... statt

Auf den Hund gekommen
A lb – 2b – 3d – 4b – 5c
B Getränk – Whisky / Hotel – Zimmer / Hund – Pudel / Pistole – Waffe / Raucher – Zigaretten / Schulden – Geld / Verkäufer – Ware

Ein Zeuge
A 1d – 2b – 3c – 4a – 5b
B a) eingeplant b) erkannt c) geändert d) riskieren e) geschossen … gehört f) weggefahren g) sehen

Hanno lässt sich nichts gefallen
A 1a – 2c – 3d – 4b – 5c – 6d – 7a – 8b
B Finger – Hand / Kalbsbraten – Essen / Party – Gäste / Pistole – Waffe / Publikum – Schauspieler / Sorgen – Angst / Spaß – Witz / Unfall – Polizei / Wohnung – Haustür / Zeitung – Redaktion

10 000 Mark sind nicht viel
A 1b – 2d – 3b – 4b – 5d – 6c – 7c – 8a – 9d
B a) Als ... herein b) gegen c) auf … zu d) Bevor e) vom f) hinter g) auf

Ein einmaliges Stück
A 1a – 2c – 3b – 4a – 5c – 6c – 7b – 8d – 9b
B 1 = herrlich / 2 = Moment … keiner / 3 = angstvoll / 4 = böse / 5 = erstaunt / 6 = holte / 7 = sehen / 8 = sehr

Äpfel für Papa
A 1c – 2c – 3a – 4b – 5c

B a) unterbrach b) sollte c) schlief d) glaubte e) sagte
C a) ging fort b) steckte ... weg c) lief ... ein d) kam ... wieder e) nahm ... weg

Das merkwürdige Hobby des Heribert P.
A 1c – 2a – 3d – 4b – 5c – 6c – 7d – 8d – 9c
B Führerschein = b) Handschuhfach = d) Radkappe = g) Reifenpanne = f) Reifenspur = a) Sportwagen = e) Steuer = h) Wagenpapiere = c)

Ein etwas ungewöhnlicher Pullover
A 1c – 2c – 3b – 4d – 5c – 6a
B a) verhaftet b) genommen c) wählen d) nahm e) bekommen f) wählen g) nehmen

Bitterer Kaffee
A 1a – 2b – 3c – 4c – 5d – 6a
B a) musste anhalten b) stieß c) gefunden d) geworfen e) getrunken f) suchen ... überfallen g) gedacht

Quellennachweis

Wir danken den folgenden Personen und Institutionen, dass sie uns den Nachdruck ihrer Texte und Illustrationen in der vorliegenden Form gestattet haben:

Anruf für einen Toten (aus: Neue Revue): Bert Ellendt;
© Albert Loesnau, Starnberg

Auf den Hund gekommen (aus: Neue Revue): James Holding;
© Union-Roman-Agentur Günter Fischer, Düsseldorf

Ein Zeuge (aus: Prisma): Erica Wegener; © Gayda-Press KG, Günzburg

Hanno lässt sich nichts gefallen (Originaltitel: Russo muss sich wehren): William Link; © Union-Roman-Agentur Günter Fischer, Düsseldorf

5 000 Euro sind nicht viel (Originaltitel: 5 000 Dollar sind nicht viel): Helmut Hochrain; © Kommapress, Gröbenzell

Ein einmaliges Stück (aus: Neue Revue): John Wiser; © Heinrich Bauer Verlag, Hamburg; Deutschsprachige Rechte IN Internationale Presse-Agentur

Äpfel für Papa (Originaltitel: Bananen für Papa): Hans Steen;
© Kommapress, Gröbenzell

Das merkwürdige Hobby des Heribert P.: R. & A. Becker;
© Dörnersche Verlagsgesellschaft, Reinbek

Ein etwas ungewöhnlicher Pullover (Originaltitel: Der verräterische Pulli): Annelie Bauer; © Dörnersche Verlagsgesellschaft, Reinbek

Bitterer Kaffee: Karl Wilhelmi; © Dörnersche Verlagsgesellschaft, Reinbek